Ma Mère patrie

HANANE CHARRIHI
ET ELENA BRUNET

Ma Mère patrie

Éditions
de La Martinière

Certains noms de personnes ont pu être modifiés
afin de préserver leur anonymat.

ISBN 978-2-7324-8188-3

À ma mère, ma douceur,
À mon père, mes frères et sœurs
mon mari, ma famille et toutes les
personnes qui m'ont soutenue.
Soyez en paix.

15 juillet 2016

Enfin, je suis parmi les miens, de retour dans l'appartement de mon enfance. Tant de gens se présentent chez nous que la porte d'entrée est restée ouverte du matin au soir. Dans le salon meublé à la marocaine, les hommes ont pris place sur les banquettes. Ils entourent mon père, Ahmed, et lui tapent sur l'épaule, sans trouver les mots pour le réconforter. Prostré, le visage livide et l'œil terne, il ravale sa détresse.

– Je lui avais dit de ne pas y aller. Je voulais pas y aller !

L'appartement est plein à craquer. Inondé de fleurs et de larmes. Jusque dans le couloir, les visiteurs entassent leur chagrin. Tantes, cousins, voisins, amis, tous sont venus partager leur émoi, déposer un bouquet, un baiser, un soupir. Dans leurs regards, je lis l'incompréhension et l'angoisse. D'un pas lent, mon père traverse le salon bondé, qui ne lui a pourtant jamais paru si vide. Les yeux rivés au sol, il murmure dans sa barbe grisonnante :

– Déchiquetée, Fatima. Ils me l'ont déchiquetée, ma femme.

Lui d'habitude si flamboyant n'est plus que l'ombre de lui-même. Je souffre de le voir éteint, si seul sans elle. Je voudrais le consoler, mais je n'ai même pas la force de le regarder en face. Tout me semble si irréel, je voudrais que quelqu'un me réveille. Je me fraie quand même un chemin vers lui et je le serre dans mes bras comme si personne ne nous voyait. Je n'entends plus les pleurs, ni les condoléances, je ne vois plus les visages défaits qui s'inclinent. Il me caresse les cheveux doucement.

– Ma fille, ma fille… ta maman est partie.

Hier soir, quand le pompier qui tentait de réanimer ma mère a dit : « C'est fini », mon père s'est évanoui. Il a perdu connaissance quelques secondes et, quand il a rouvert les yeux, notre monde avait changé.

Cette nuit-là, la faucheuse n'avançait pas à tâtons. Elle n'était ni décharnée ni vêtue de noir. Elle était tout en blanc, pesait dix-neuf tonnes, et roulait à quatre-vingt-dix kilomètres-heure. Sur la promenade des Anglais, devant le corps de sa femme gisant sur le trottoir, mon père se frappait violemment la poitrine avec le poing. Comme si son cœur s'était arrêté de battre et qu'il essayait de le remettre en marche.

– On m'a pris ! On m'a pris !

D'autres auraient dit : « On m'a pris ma moitié. » Lui répétait juste : « On m'a pris. » Tout entier.

Son cœur à elle a cessé de battre avant minuit. Mon grand frère Ali a tenté lui aussi de la ranimer. Agent de sécurité incendie, il connaissait les gestes de premiers secours, mais ça n'a servi à rien. Le camion blanc lui avait déjà enlevé la vie.

14 juillet

À Paris, la chaleur estivale est enfin de la partie. Pour mon mari, M'hamed, ce jour n'est pas férié : il va travailler au resto toute la soirée. Il m'a promis de nous rejoindre au parc dès la nuit tombée. Ce soir, nous emmenons les enfants regarder le feu d'artifice à côté de la maison. Mon fils Ishaq n'a pas encore deux ans, il n'en a jamais vu. Et à Jouneyd, le plus grand, je n'ai rien dit, pour ménager la surprise. Tout juste sait-il qu'il y a des glaces au programme… de quoi lui mettre l'eau à la bouche.

Depuis six ans, nous habitons un quartier résidentiel de la banlieue parisienne, à Aulnay-sous-Bois. Étiquetée « 9-3 », ma ville d'adoption a mauvaise réputation. En quittant Nice pour rejoindre mon époux, j'avais en tête tous les clichés possibles. *Je vais me faire arracher mon sac ? On va habiter dans une tour ? Et les émeutes, ça veut dire que j'aurai l'armée en bas de chez moi tous les jours ?* M'hamed se moquait de mes préjugés, et, en fait, je me suis vite rendu compte que c'était tout l'inverse. Nous louons un bel appartement dans une zone tranquille, éloignée du centre-ville, mais à seulement quelques kilomètres de Paris, un bon compromis entre mes rêves de Ville lumière et le besoin de calme de M'hamed, élevé dans la campagne picarde. Certes, il nous manque un peu la chaleur du Sud, et les cités ne sont pas loin, mais l'on s'y sent bien.

Avec M'hamed, ça a tout de suite été le coup de foudre. On s'est rencontrés en 2007 au mariage de ma sœur. J'avais dix-huit ans, et lui vingt et un. Après mes études, j'ai trouvé un emploi de préparatrice en pharmacie dans une officine à Villepinte, près de chez nous. Je ne travaille plus depuis la naissance de mon petit dernier, mais il me tarde de reprendre le boulot, dès la rentrée. Femme au foyer, très peu pour moi.

Durant les vacances scolaires, je garde Jouneyd et Ishaq à la maison. Deux piles électriques, ils me rendent dingue, parfois. La sieste est l'occasion de souffler, j'en profite pour attaquer le repassage.

Pas de télévision, pas de radio, silence absolu, et le plaisir de savourer ces rares moments de calme. Je me laisse aller à la rêverie. Les vacances approchent à grands pas. Plus que deux semaines avant le départ. Nous rendrons visite à mes parents, à Nice, avant de passer une semaine en Espagne, les doigts de pied en éventail. J'ai tellement hâte ! Comment puis-je me douter à cet instant qu'une tragédie est sur le point de chambouler ma vie ? Allongée sur le lit, j'attrape mon téléphone pour appeler ma mère. Après mon emménagement en région parisienne, c'est devenu notre moyen de communication privilégié. Pas un jour sans se donner de nouvelles.

– Allô ? *Salam aleykoum* [1], mamounette.

– *Aleykoum salam,* Haninoush *inou.*

Affectueusement, elle me surnomme « Haninoush », en ajoutant toujours « *inou* », qui signifie « à moi », en berbère.

– Je me repose un peu, ce soir on emmène les petits au parc voir les feux d'artifice.

– C'est bien, ma fille, tu as raison, ils vont aimer.

Au bout du fil, la voix de Fatima est douce et sereine.

1. « Que la paix soit avec vous » : formule usuelle de salutations.

Nous parlons de tout et de rien. Elle s'inquiète pour Faiza, qui, à vingt ans, veut monter à Paris faire des études de stylisme. Elle me demande de veiller sur ma cadette quand elle aura quitté le nid. Chez nous, la fraternité est une valeur clé. « Aidez-vous les uns les autres », tel est le refrain de ma mère – et avec sept enfants, elle sait de quoi elle parle. Alors, évidemment, je promets. Nous raccrochons. Elle n'a pas évoqué la promenade des Anglais. Nous y allions rarement pour le 14 Juillet, préférant admirer le spectacle depuis les hauteurs de Nice. Le domicile familial est perché sur une colline, le panorama sur la baie est un magnifique point de vue. Nous y retrouvons généralement les voisins, pour un pique-nique improvisé.

Vers 22 heures, j'enroule mon *hijab* sur mes cheveux, et, avec les enfants, nous nous mettons en route pour le parc. M'hamed est encore au boulot. Le temps de fermer son fast-food, il ne va pas tarder à nous rejoindre. « Les festivités ont déjà commencé », me prévient un voisin, alors je presse le pas. Mon téléphone vibre. C'est Latifa, une de mes sœurs, qui m'envoie un message vidéo. Elle se gondole devant les feux d'artifice, avec la benjamine, Yasmina. Depuis la Croisette cannoise ou la promenade des Anglais ? Je ne parviens pas à identifier les lieux.

Nous arrivons au parc Ballanger, un grand espace vert à deux pas de la maison. L'entrée est bloquée par des dizaines de barrières, et l'accès filtré par une multitude d'agents municipaux. Nous nous plions au contrôle des sacs et de la poussette. Le pays est encore en état d'urgence, nous nous sommes malheureusement habitués à cette vigilance renforcée.

La fête a commencé. Mes fils sont éblouis : ils poussent des « waouhh » d'admiration dès que le ciel s'illumine. Jouneyd me tire par la manche à chaque bouquet d'étincelles : « Regarde, maman ! Regarde ! Bleu ! Vert ! Jaune ! » Il règne un climat d'insouciance : sourires sur les lèvres et yeux qui pétillent. Des nappes à carreaux sont étalées sur l'herbe : en famille ou entre amis, on profite de la douceur de la soirée.

M'hamed a tout raté, car la circulation est interdite autour du parc, et sa voiture est bloquée dans une rue parallèle. Nous nous frayons un chemin pour le retrouver. Je tente de l'appeler, mais son téléphone sonne occupé. La sortie est ralentie par le dispositif de sécurité, alors je patiente en pianotant sur mon smartphone. Je fais défiler les nouvelles de mes amis sur Snapchat, quand un message retient mon attention.

– Est-ce que tout le monde va bien ?

C'est Sarah, une ancienne camarade de classe niçoise.

Quelques secondes après, un autre message, peu rassurant, apparaît.

– Est-ce que tous mes amis sont en sécurité ?

Je me connecte sur Facebook, dans l'espoir d'en apprendre davantage. Le réseau social s'affole, la nouvelle s'est répandue : « Attentat sur la promenade des Anglais. Un camion-bélier aurait fait plusieurs morts. » Tout de suite, je pense à ma sœur et à son message. Je l'appelle immédiatement, mais elle ne décroche pas. Au loin, j'aperçois M'hamed. Mon angoisse grandit à mesure que nous nous approchons de la voiture. Le numéro de Latifa sonne toujours dans le vide. Sans lever les yeux de mon téléphone, je fais signe à mon mari d'attacher les enfants et je lui souffle :

– Il s'est passé un truc de fou ! Il y a eu un attentat à Nice. J'arrive pas à joindre Latifa, je crois qu'elle est là-bas.

Mon mari a l'air stressé, mais pas surpris. Il ne dit rien et démarre en trombe.

– On va chez mes parents.

– Ah bon ? D'accord.

Tellement inquiète, je prête peu attention à ce changement de programme.

– Papa… la glace ! lui rappelle mon fils, angélique, qui n'a pas oublié que nous avons prévu d'aller prendre un dessert sur les Champs-Élysées.

M'hamed reste silencieux et accélère. Le numéro de Latifa s'affiche enfin. Mais, au bout du fil, c'est Ali, mon frère aîné. Il respire fort. Je crois percevoir des sanglots dans sa voix, mais je ne veux pas y croire.

– Qu'est-ce qui se passe ? Tu me fais peur.

– Hanane, sois forte. Sois forte, Hanane.

C'est impossible. Pas Latifa, pas ma grande sœur.

– C'est Latifa, c'est ça ?

– Non, Hanane, c'est pas Latifa. C'est maman.

Je lui raccroche au nez, le souffle coupé. Affolée, je me tourne vers mon mari. Il est désemparé. Il me prend la main et sanglote.

– Désolé, je le savais mais je n'arrivais pas à te le dire. Excuse-moi, je ne pouvais pas. Je suis tellement désolé.

Je n'ai pas encore compris, alors je rappelle mon frère.

– Mais fais quelque chose, bon sang ! Réveille-la ! Appelle les pompiers, appelle la police, le samu. Réveille-la !

– Hanane, c'est fini. Elle est sous le drap.

Il n'y a plus rien à faire.

À cet instant, ma vue se brouille, je suis incapable de prononcer le moindre mot. Je sens mon corps s'enfoncer dans mon siège. Dans ma poitrine, une douleur forte et inconnue. Tout ça n'est qu'un cauchemar, je vais me réveiller. Je tape ma tête contre le tableau de bord, mes larmes ne cessent de couler, j'ai l'impression d'étouffer.

– Pourquoi maman pleure ?

Pas la force de répondre à mon fils. Son père non plus. Me ressaisir, je dois me ressaisir. De mon smartphone, je commence à chercher un vol pour Nice dans une agence de voyages en ligne. Le premier part à 9 heures, demain matin.

Les parents de M'hamed sont sous le choc. Victime d'un AVC l'année dernière, ma belle-mère se déplace difficilement. Pourtant, portée par l'émotion, elle se lève de toutes ses maigres forces pour me serrer dans ses bras. Mon mari se précipite sur l'ordinateur pour réserver les billets d'avion. Nous ne devons pas être les seuls : il ne reste plus aucune place disponible avant le lendemain soir. Hors de question d'attendre aussi longtemps, il faut trouver une autre solution.

Ma sœur Nadia, qui habite Saint-Étienne, est déjà en route, elle arrivera à Nice dans la nuit. Je l'envie tellement ! Si loin des miens, je me sens impuissante. Je confie les enfants à ma belle-famille. Ils sont trop jeunes, autant leur épargner les épreuves qui m'attendent.

Mon téléphone n'arrête pas de sonner. Tous mes amis me demandent des nouvelles de mes proches. Mais que leur répondre ? Rien qu'ils n'aient envie d'entendre, je préfère m'abstenir. Seules mes voisines de palier sont dans la confidence. De retour à la maison, elles m'attendent, consternées. Par chance, l'une d'elles est agent d'escale et nous conseille de nous rendre à l'aéroport dès la première heure pour être inscrits sur liste d'attente. Un ami passera nous chercher dans trois heures pour nous accompagner à Orly.

Je tourne en rond comme un lion en cage. Je suis fatiguée, le temps ne passe pas. Pour me préserver, M'hamed m'interdit d'allumer la télé.

J'ignore encore ce qu'il s'est vraiment passé à Nice, sinon qu'un camion fou a traversé la promenade des Anglais. J'ai peur d'en savoir plus, j'évite Internet. Alors je me mets à prier, je me raccroche à ma foi.

En arrivant à l'aéroport, je m'effondre au guichet d'Air France. Pas moyen de m'expliquer, de faire une phrase entière. « Nice »... « Attentat »... « Partir »...

L'agent d'accueil me rassure. La compagnie tâche de faire embarquer au plus vite les familles et les nombreux journalistes. On nous confirme que nous serons sur le prochain vol.

M'hamed et moi embarquons après tous les autres passagers. L'équipage a été mis au courant. Dans l'avion, une hôtesse de l'air me prend à part. Elle me tend un verre d'eau et me confie qu'elle a perdu un ami dans l'attentat du Bataclan. Elle semble très émue. Quand je lui apprends qu'il s'agit de ma maman, elle craque, oublie son tailleur chic et la retenue qu'implique son job, et me prend dans ses bras. Nous nous réconfortons mutuellement. Pendant le vol, je ne parviens pas à fermer l'œil.

Au petit matin, nous arrivons enfin à Nice, épuisés.

Juste avant l'atterrissage, une image sordide va me glacer le sang. Elle me hante encore. De mon hublot, j'observe la descente de l'avion, qui passe au-dessus de la ville. Je reconnais l'extrémité de la promenade des Anglais, étrangement déserte et vidée de son trafic. Sans ménager mon voisin, je penche la tête jusqu'à me tordre le cou pour mieux voir à travers la vitre. Là, j'aperçois les barrières qui bloquent la circulation et les nombreux camions de police postés à l'entrée. Des dizaines et des dizaines de petites taches blanches apparaissent soudain tout au long de l'avenue. Ce sont les draps qui recouvrent les corps. Je comprends que ma mère est là. Partie. Sans prévenir.

16 juillet

Quarante-huit heures plus tard, le pire des films d'horreur tourne encore en boucle dans la tête d'Ali. À nouveau, il s'échappe de la maison pour dévaler la colline en courant. Il rentre dégoulinant de sueur. Comme il a arrêté de fumer récemment, son seul moyen de lutter contre l'anxiété est de cavaler jusqu'à épuisement. Mais quand il s'arrête, le film reprend. C'est un cauchemar qui commence comme une comédie familiale et qui se termine par un feu d'artifice macabre.

Ce soir-là, Ali, sa femme, Houria, leurs trois enfants et Saïd, un beau-frère, sont descendus sur la « Prom' », comme on la surnomme ici. Mes parents les ont rejoints à la dernière minute. Faiza est partie au cinéma avec des amies. Hamza, de deux ans mon aîné, a préféré rester à la maison. Parmi la foule des grands soirs, ils ont retrouvé des amis et admiré le ciel flamboyant d'étincelles. Le bouquet final à peine éteint, ma mère a envoyé mon père, avec Ali et ses deux jeunes fils, déplacer la voiture qui était mal garée.

– CAMION !!!

Saïd a juste eu le temps de crier avant de se jeter dans les rochers en contrebas. Par miracle, il venait de sortir ma nièce Oumaya de sa poussette pour la prendre dans ses bras. Phares éteints, le poids lourd est monté sur le trottoir, a frôlé Houria, protégée par un banc, et percuté ma mère de plein fouet. Elle est sa première victime. Lancé à pleine vitesse, il va rouler deux kilomètres et voler encore quatre-vingt-cinq vies.

Mon père et mon frère ont déboulé en entendant les cris. Que se passe-t-il ? Où sont-ils ? Dans la nuit noire, des centaines de familles cherchent leurs proches, soignent les blessés et pleurent leurs morts. Les ambulances, les camions de pompiers et les voitures de police se relaient dans l'urgence.

Jusqu'à l'aube, papa et mes frères vont veiller le cadavre de maman, étendu sur le trottoir, couvert d'un drap blanc. Ils n'en sont pas quittes avec l'horreur. Deux heures après le carnage, nos cousins et voisins du quartier de La Madeleine les ont rejoints, quand une Clio grise ralentit à leur hauteur. Une vieille rombière accompagnée d'un jeune homme passe la tête par la vitre baissée.

– C'est bien fait, bande de terroristes. Cette fois-ci, c'est votre tour !

Groggy, mes proches se regardent sans comprendre. Avant de trop bien comprendre. La voiture redémarre à toute vitesse. « N'y allez pas ! » ordonne mon père, en retenant mes frères que la colère a rattrapés. Les cousins courent quand même après la voiture. Mais elle disparaît avant qu'ils puissent l'arrêter. C'est sans doute mieux pour tout le monde. Mais comment se contenir face à tant de cruauté et de lâcheté ?

Déjà les « Arabes » sont montrés du doigt, condamnés d'avance. Mais ma mère ne peut pas être victime et coupable à la fois ! Un tiers des personnes décédées dans l'attentat de Nice étaient de confession musulmane. Ma maman, Fatima Charrihi, croyante, voilée, est la première à être tombée dans le jeu de quilles mortel de cet assassin. Elle n'était pas au front, ni dans une ville assiégée. Elle est morte d'avoir voulu aller manger une glace avec son petit-fils. N'est-ce pas la preuve que le terrorisme n'a pas de religion ? Pas de couleur, pas de patrie, pas de foi.

Dans la chambre des enfants, recroquevillée sur un petit lit, ma sœur Nadia, la plus sensible d'entre nous, est inconsolable. Ça fait deux jours qu'elle pleure sans arrêt. De mon côté, j'essaie de ne pas me laisser submerger par la tristesse. Dans cet ouragan, il faut protéger les plus jeunes. Alors, avec Latifa, l'aînée, nous restons là des heures à cajoler les benjamines. Mon regard ne peut se détacher du pêle-mêle de photos encadré sur le mur, avec les portraits souriants de tous les membres de la famille. Rien ne sera plus jamais comme avant.

Les premiers jours, mon père refuse de se coucher dans son lit. Hors de question de passer la nuit là, sans elle. Inconcevable. Mon mari l'emmène dormir chez sa sœur, à quelques kilomètres. En chemin, il essaie de lui remonter le moral : Fatima est morte injustement, et c'est le paradis qui l'attend.

Entre mes parents, c'était l'amour fou. Dans notre culture, on veille à garder une certaine pudeur. Des amies berbères ou arabes m'ont confié n'avoir jamais vu leur père et leur mère s'embrasser. Mais les miens ne sont pas comme ça. Je me souviens de cette photo qui doit traîner dans un vieil album. Ce jour-là, toute la famille avait embarqué pour les vacances sur le bateau qui traverse le détroit de Gibraltar, direction le Maroc. Assis à l'arrière, admirant les flots, mon père passe son bras autour des épaules de ma mère.

– Alors, on n'est pas bien là, Fatima ?

Puis, à la surprise générale, il la renverse et l'embrasse à pleine bouche, comme dans les vieux films américains. Qu'est-ce qu'on a ri ! Mes parents formaient un couple que je rêve d'égaler. Jamais je ne les ai vus se disputer. En revanche, ils se taquinaient tout le temps. Chaque année, le 11 février, mon père asticotait ma mère, en faisant le décompte du temps qui passe.

– Quarante ans que je te supporte, hein ma chérie !

Et puis l'année d'après :

– Quarante et un ans que je te supporte, *houb inou*[1] !

Tous les ans, maman lui répondait invariablement, avant de le bécoter :

– Et toi, quarante ans que tu me fais sortir des cheveux blancs !

1. Mon amour.

Il n'a jamais oublié un seul anniversaire de mariage. Il n'a jamais regardé une autre femme. Fatima est si belle, avec sa peau blanche, ses yeux très noirs ronds comme des billes, ses pommettes saillantes et ses lèvres roses. Nous partageons avec elle une certaine coquetterie. Elle était toujours très apprêtée, pas un fil ne dépassait. Je l'ai rarement vue sans un trait de khôl sous les yeux. Chaque semaine, elle me montrait sa dernière recette beauté dégotée sur une chaîne de télé orientale :

– Tu mélanges une cuillerée de miel, une de crème fraîche, du citron. Tu mets ça sur le visage tous les soirs. Regarde comme j'ai la peau douce.

Les murs de leur chambre sont toujours peints du rose bonbon de l'époque où nous l'occupions, mes sœurs et moi. Je caresse lentement le couvre-lit, fais tinter les piécettes-grelots des coussins berbères. C'est elle qui a choisi la décoration de l'appartement. Simple et moderne, avec, dans chaque pièce, une touche orientale qui rappelle nos origines. Un pilier recouvert de mosaïques dans l'entrée et des murs blanchis à la chaux où sont accrochées des gravures de calligraphies arabes, chinées dans un bazar de Marseille. J'ouvre le placard à vêtements. Les chemises repassées sont délicatement empilées du côté « papa ». Les vestes et les manteaux soigneusement suspendus dans la penderie « maman ». Submergée par les effluves de lavande et du mélange de fleurs séchées dont elle avait le secret, je me glisse dans le placard, comme pour mieux me noyer dans son odeur. Je reste là une éternité, agenouillée dans la penderie, le visage caressé par les étoffes. Latifa entre dans la pièce, et avant qu'elle ne se retourne, j'attrape le pot-pourri à la hâte et le cache sous ma robe.

Dans la cuisine, ma tante Aicha s'agite dans une gymnastique désordonnée, cherchant ici un couteau, là une casserole. Notre culture veut que les proches prennent soin de ceux qui sont dans la peine, notamment en se chargeant des repas pendant les premiers jours du deuil. Alors elle veut absolument préparer à manger, malgré toute la nourriture qu'on nous a déjà apportée. En ouvrant le réfrigérateur, elle est prise d'un vertige. Chaque étagère est admirablement ordonnée. Les restes des petits plats préparés par ma mère sont parfaitement conservés dans des Tupperware, les aromates délicatement emballés en petits sachets, les fruits et légumes bien rangés. La disposition est intacte, telle que Fatima l'a laissée deux jours plus tôt.

– Ça, c'est bien ma sœur.

Il y a tant de gens qui disent que leur mère est la meilleure mère du monde. Pour moi, elle n'est pas seulement la meilleure : Fatima était une femme exemplaire. Généreuse et courageuse. Une épouse parfaite, une maman aimante et prévenante. Tous les soirs, avant de se coucher, elle passe une tête dans la chambre de ses enfants endormis : « Que Dieu vous protège », murmure-t-elle tendrement. Toujours aux petits soins, elle s'assure que nous ne manquons de rien. Nous étions déjà au collège qu'elle nous mettait encore un quatre-heures dans notre cartable. Le soir du 14 juillet, avant de partir sur la Prom', elle avait laissé dans le réfrigérateur une bonne tourte pour le dîner de mon frère Hamza. « La meilleure que j'aie mangée de ma vie », me jurera-t-il plus tard.

Mais dans le gant de velours, il y a une main de fer : elle garde sa smala sous contrôle. Durant notre enfance, du matin au soir, l'organisation est quasi militaire. Nous prenons notre bain l'un après l'autre, du plus petit au plus grand. L'heure du dîner est immuable. Pas de télévision les veilles de classe, tout le monde est couché à 20 heures. Et gare à celui qui oublierait de se laver les mains avant de passer à table ou qui ne surveillerait pas son langage. Une bêtise ? « Puni ! Au lit tout de suite ! » et, en cas de récidive, une bonne claque sur les fesses nous remet les idées en place. Stricte, en effet, mais toujours juste. Ma mère est de la vieille école : les enfants doivent respecter leurs parents. Elle est à cheval sur les principes, accorde beaucoup d'importance à la politesse : il faut toujours dire « Bonjour », « Merci », et bien se tenir en société.

Son intérieur reflète sa rigueur : il sent toujours le nettoyant au citron. La maison est parfaitement tenue. Ma mère passe l'aspirateur et la serpillière tous les jours, astique les carreaux au moins deux fois par semaine ! Son exigence me donne des complexes. Quand je la reçois chez moi, c'est le branle-bas de combat pour que tout soit nickel.

Mes parents ont emménagé dans l'appartement de La Costière en 1990. Le quartier est l'un des plus agréables de Nice. Vue sur la baie des Anges : mon décor pendant plus de vingt ans, avant Aulnay-sous-Bois. À l'époque, mon père travaille pour des particuliers qui l'emploient à divers petits boulots de service, bricolage ou transport. Il a tissé un bon réseau professionnel et noué des amitiés durables. Un copain agent immobilier lui souffle un jour un tuyau en or : une résidence, toute neuve, juchée sur les hauteurs de la ville, dans un quartier paisible, surplombant le secteur de La Madeleine, et la Méditerranée, à l'horizon.

– C'est le bon moment pour acheter, Ahmed.

En quelques mois de labeur, et grâce à ses économies, il parvient à réunir assez d'argent pour obtenir un prêt et devenir propriétaire. Un luxe. Et un risque aussi, celui de s'endetter lourdement. Excentrée, à flanc d'une raide colline, la zone est alors sacrément isolée. Pas de commerces à proximité, et un seul bus qui passe à la saint-glinglin. À la première visite, Fatima, née dans le Haut-Atlas marocain, n'est pas emballée.

– Mais pourquoi il me ramène à la montagne ?

Mon père la rassure, et le chant des cigales finit de la convaincre. Comment ne pas succomber au charme de ce douillet cocon, niché dans un bois de pins ?

Dans cet appartement où nous avons grandi, chaque pièce est habitée de sa présence. Le moindre objet me plonge dans les souvenirs. Ses babouches qui traînent dans la salle de bains sont devenues des reliques précieuses. Délicatement, je les prends, en observe le cuir, les coutures, comme si cela avait soudain une extrême importance.

Je revois cette scène qui avait lieu chaque jour : ma mère s'est réveillée en premier, l'aube n'est pas encore levée. Je l'entends chuchoter dans l'entrebâillement de la porte. C'est l'heure de la prière.

Hamza ouvre les yeux, mais mes sœurs somnolent encore. Chacun est libre de faire le *Fajr*, la prière de l'aube, alors personne n'ira les secouer. Mon père sort de la salle de bains, où il a fait ses ablutions. C'est mon tour. Maman, chapelet en main, dans sa djellaba claire, me tend ses chaussons, comme tous les matins. « Mets ça ! Le carrelage est froid. » Pendant que je fais ma prière, elle rejoint mon père qui prépare le thé dans la cuisine, fait griller des tartines de pain. Elle y verse ensuite un filet d'huile d'olive. Quel délice. Le petit déjeuner est prêt.

Mais ce matin du 16 juillet, c'est mon frère qui est venu me tirer du lit. En marchant sur le carrelage glacial, j'ai compris qu'elle n'était plus là. Hamza veut me consoler. Il me dit doucement :

– C'est à Allah que nous appartenons et c'est vers Lui que nous retournerons[1].

Je sors prendre l'air sur le balcon. Pour faire de

1. Verset coranique usuellement cité après un événement tragique.

la place aux invités, nous y avons entassé quelques meubles et des futons marocains sur lesquels je me laisse tomber. Elle est encore là, en face de moi. Assise sur sa petite chaise, tout au bout de la terrasse, dans l'angle d'où l'on peut voir la mer au loin. Entourée de ses géraniums, dont elle prend si grand soin, elle reprise un pantalon, passe et repasse l'aiguille minutieusement.

Depuis mon arrivée à Nice, je n'ai qu'une obsession : la voir. J'ai cet infime et délirant espoir que tout le monde s'est trompé. Elle s'est peut-être réveillée amnésique. Ou il y a eu méprise, qui sait… Hier, la police scientifique a investi la promenade des Anglais, qui reste inaccessible. À proximité du Negresco, l'hôtel mythique de la baie, une cellule d'accueil médico-psychologique a été improvisée le soir même, dans les locaux d'un centre universitaire. Je m'y rends à tout hasard. L'ambiance est glauque. Le grand hall fourmille de gilets fluorescents : la Croix-Rouge et les services sociaux s'affairent à la prise en charge des blessés légers, des témoins et des familles de victimes. Un policier s'approche.

– Oui, bonjour ?…

– J'ignore où est ma mère, je voudrais la retrouver.

Les victimes auraient été réparties dans différents hôpitaux. Impossible de la voir, je dois attendre qu'on m'appelle.

Attendre ? Le lendemain, samedi, je trépigne déjà. Où peut-elle être ? À l'hôpital Pasteur ? En route.

– Tu es bien nerveuse, ma fille. T'es devenue parisienne ?

Dans ma tête, j'entends ma mère qui m'incite à me calmer. Elle, elle était d'une sérénité constante. Sa patience à notre égard était sans faille. La mienne va être mise à rude épreuve.

Au centre hospitalier, les blouses blanches m'orientent directement vers le reposoir, la salle où sont exposés les corps. J'entre seule dans une vaste pièce, enfilade de larges rideaux sur lesquels se reflètent des vitraux colorés. Je frémis à l'idée qu'elle puisse être derrière l'un d'eux.

On me prie de faire demi-tour, d'appeler le numéro d'urgence de la cellule d'aide aux victimes, activée par le Quai d'Orsay. Mais, au téléphone, on me demande à nouveau de patienter : on va nous contacter.

– Il faut une autorisation de la police judiciaire. Le corps doit être préparé, identifié…

En quittant le reposoir, je croise Mélanie, une

camarade de mes années de collège, complètement hagarde : elle a perdu sa mère, comme moi, ainsi que son neveu de huit ans, sa nièce de deux ans et un ami de ses parents. Nous ne savons pas quoi nous dire. Elle m'apprend qu'un ordre de priorité a été établi : les corps des enfants sont présentés en premier. Il y a tant de victimes. À l'hôpital, les médecins se battent sans relâche pour sauver les blessés. Il y en a quatre cents en tout. Autant de vies brisées. Je me rends compte de l'ampleur réelle du massacre. Combien de familles décimées, combien d'âmes en peine ? Et tout ça pour quoi ? Pourquoi ?

Samedi, quand nous entendons le communiqué de Daech sur une chaîne d'info, nous levons les yeux au ciel. Comme une envie de casser cette fichue télé. L'autoproclamé « État islamique » revendique l'attaque perpétrée par un de ses soldats, à l'appel du califat. Ce nom que s'est attribué l'armée des cinglés nous révulse. Ce n'est pas un État, et il n'a rien d'islamique. Ces fanatiques s'approprient notre religion. D'ailleurs, continuer à les nommer ainsi, c'est admettre qu'ils sèment la terreur au nom de l'islam. On traduit souvent le mot « islam » par « soumission », car il peut signifier « s'abandonner entièrement à Dieu ». Mais, en réalité, sa racine est d'abord synonyme de « paix ». L'« État islamique », un État de paix ? Laissez-moi rire ! « État terroriste » ou « État diabolique », oui.

La terreur a un nouveau nom, et un visage. Mohamed Lahouaiej Boulhel. Le profil du tueur fait l'ouverture du journal télévisé. De lui, je préfère ne rien savoir. Mais sans le vouloir, j'entends. On dit qu'il était fou, violent, qu'il buvait de l'alcool et se droguait. Djihadiste ? On parle de « radicalisation express », qu'est-ce que ça veut dire ? L'une de mes connaissances qui vit dans son immeuble, dans le quartier de La Roquebilière, m'apprend qu'il avait l'habitude de battre sa femme et déjà déféqué dans la cage d'escalier. Je n'ai pas besoin d'en savoir plus. D'ailleurs, sa biographie, je m'en fiche. Tout ce que je sais, c'est qu'il n'est pas des nôtres. Il n'est pas musulman. Pour moi, il n'est même pas humain. Ce n'est qu'un monstre qui finira en enfer. Selon nos croyances, ce qui attend ce type de meurtriers après le Jugement dernier est pire que tout. Notre religion interdit le suicide, et celui qui s'en rend coupable revivra éternellement son châtiment. Alors, plus les bouchers de Daech surenchérissent, plus ils prouvent qu'ils n'ont rien à voir avec l'islam. Rien à voir avec nous, les Français musulmans.

17 juillet

Tic-tac, tic-tac. Cette horloge me tape sur les nerfs. Me voici à nouveau dans la salle d'attente du reposoir. J'ai parcouru mille fois du regard les arabesques de la fresque qui orne l'entrée. Comme personne ne m'a recontactée, j'ai continué les allers et retours entre le centre d'accueil des familles, rue Gubernatis, et l'hôpital Pasteur. Nous devons récupérer l'acte de décès pour les obsèques et ce n'est visiblement pas une mince affaire. Le personnel insiste pour que je voie un psychologue. Pas envie. Je veux seulement la voir, elle. Le lendemain, ça recommence. L'impression de revivre tous les jours la même scène.

– Ils ne vous ont toujours pas appelée, mademoiselle ?

– Non… Laissez-moi juste la voir cinq minutes, s'il vous plaît.

– Je suis vraiment désolé, ce n'est pas possible. Ça risque d'être long. Vous voulez un verre d'eau ?

Je n'en peux plus. Combien de temps va-t-il falloir attendre encore ? Devant mon désarroi, un employé insiste auprès de la police judiciaire. Au téléphone, on me donne enfin rendez-vous. Il faudra patienter plusieurs jours avant qu'on nous rende le corps, mais demain, au moins, je pourrai l'apercevoir dix minutes, à travers une vitre.

– Tu devrais aller à l'assistance psychologique. Ça ne peut pas faire de mal.

Ali voit bien que je commence à perdre pied. Il m'encourage à contacter le service mis en place après l'attentat. Nous décidons finalement de nous y rendre tous ensemble, en famille. C'est la première fois que je suis confrontée à la mort d'un être cher et rien ne m'a préparée à encaisser un tel choc. Personne ne l'est. Mais Faiza, ma sœur cadette, me préoccupe beaucoup car elle ne pleure pas du tout. Le spécialiste nous rassure : à chacun son processus de deuil et sa manière de l'exprimer.

Le dispositif d'aide aux victimes est irréprochable. Dès le premier jour, nous sommes parfaitement accompagnés. Nous en avons tous besoin. Miraculée mais traumatisée, Houria, la femme d'Ali, est extrêmement pâle : son teint a viré au jaune cireux. Mon frère, lui, raconte cette nuit de terreur pour évacuer les images qui le hantent.

– Des dizaines et des dizaines de corps. Un père qui tenait son enfant dont la tête pendait dans le vide...

Saïd hurle dans son sommeil et n'arrive plus à manger. *Boum, boum.* Le bruit sourd de l'impact du camion sur les corps le poursuit jour et nuit.

Les rescapés de l'enfer sont aussi des victimes. Ceux qui restent porteront ce fardeau toute leur vie.

18 juillet

Le temps s'est figé sur la promenade des Anglais. La foule compacte, massée devant le théâtre de verdure, déborde jusqu'à la plage Beau-Rivage, deux cents mètres plus loin. Ils sont plus de quarante mille, venus se recueillir sur les lieux du massacre, à reprendre peu à peu possession de la Prom'. L'avenue mythique n'est plus le champ de bataille qui fait la couverture des journaux du monde entier depuis trois jours. Comme à l'ordinaire, le soleil brille sur la Méditerranée. La lumière éblouit ceux qui n'ont pas caché leurs yeux fatigués derrière des lunettes noires. Un grand cercle s'est formé autour du monument du Centenaire et les pompiers qui traversent l'esplanade sont chaleureusement applaudis. Mais la tension monte d'un coup quand le Premier ministre arrive, entouré d'élus locaux.

Des sifflets, des insultes fusent : « Démission ! Démission ! »

L'accalmie ne dure que le temps de la minute de silence. Très vite, les politiques repartent sous les huées. Les nerfs sont à vif. La colère a pris le dessus. Révoltés, les Niçois cherchent des coupables à leur portée. Ils sont là, cibles faciles, ceux qui n'ont pas su les protéger. Ce week-end, une dépanneuse a emporté le poids lourd criblé de balles. Maintenant, à l'endroit précis où le camion a fini sa course, où le meurtrier a été abattu, les passants crachent et déversent leurs ordures. Ils vomissent leur haine sur un monticule de déchets.

Avec mes sœurs, nous sommes restées en retrait, plus bas, là où notre mère est décédée. Au pied d'un mémorial improvisé sur le trottoir, ma petite sœur Yasmina a formé un cœur avec des galets ramassés sur la plage. Elle n'a que quatorze ans et fait preuve de beaucoup de courage. La tante Aicha est là aussi, venue d'Amsterdam avec ses trois filles. Elles portent le foulard, comme moi. Sans doute est-il préférable d'éviter l'attroupement, car nous redoutons l'hostilité de ceux qui feraient l'amalgame. Un groupe de femmes voilées, c'est forcément suspect, surtout après un attentat. Ma tante a même hésité à venir.

« Ils vont nous jeter des pierres… » Sur les réseaux sociaux, on rapporte déjà une embrouille sur le front de mer, après la cérémonie. Les images filmées par un témoin ont été diffusées en direct sur Internet. Un Niçois en chemise à fleur et chapeau de paille invective une femme d'une quarantaine d'années, vêtue d'un polo écossais. Elle est venue, comme lui, témoigner de sa tristesse.

– Vous êtes une honte pour la France. Retournez d'où vous êtes.

– Je suis née en France, monsieur ! Où voulez-vous que j'aille ?

D'autres passants se mêlent à la querelle.

– Cela ne vous donne aucun droit. Foutez le camp !

Une peau mate, des cheveux noirs, voilà qui a suffi à nos détectives de choc pour se trouver un coupable. Comme la femme leur tient tête et que la discussion s'envenime, des policiers interviennent pour empêcher la situation de dégénérer. « Il régnait une tension immonde, me racontera une amie présente sur les lieux, chacun a passé ses nerfs sur l'autre. »

Pour nous non plus, ça n'a pas raté. Notre voile interpelle, il fait tache.

Un homme en short, bedonnant, style kéké typique du coin, nous prend à partie.

– On ne veut plus de ça ici, vous savez. On ne veut plus de vous ici !

Le sol est couvert de roses et de bougies, dans nos mains nous tenons des fleurs, et pourtant ce type n'a pas l'air de comprendre pourquoi nous sommes là. Le sang de ma mère noircit sur le bitume et lui ose nous tenir pour responsables du carnage. Je suis stupéfaite. On nous assimile à ce criminel, aux fanatiques de Daech. Non ! Daech est l'ennemi de l'humanité entière. Qui peut invoquer Allah pour tuer aveuglément, foncer sur des enfants avec un poids lourd ? Des barbares sans foi ni loi, des loups sanguinaires. L'islam est une religion de paix et d'amour. Dans le Coran, il est écrit : « Celui qui tuera un homme sans en éprouver de violence sera coupable du sang de tout le genre humain [1]. » Autrement dit, celui qui tue un innocent tue toute l'humanité. Mais ces ignorants, ces soi-disant « musulmans », ont dû sauter la page.

Face aux provocations, nous restons stoïques, comme nos parents nous l'ont appris. Même si

1. Coran, sourate 5, verset 32.

je bous intérieurement. Le bonhomme repart, transat à la main, s'installer sur la plage. En face du mémorial... Pépère. Un peu de respect par pitié ! Oui, la vie doit reprendre, mais il y a six kilomètres de plage, est-il vraiment obligé de faire sa sieste ici ? C'est indécent. Mes sœurs me retiennent de le suivre.

– Laisse tomber. Il n'en vaut pas la peine.

Nous partons en haussant les épaules et finissons par en rire. Mais, quelques minutes plus tard, nous sommes de nouveau alpaguées. Propre sur lui, profil commercial, la cinquantaine, l'homme est adossé à la devanture d'un bar-tabac.

– Ah ! Vous sortez en meute maintenant ?

– Laissez-nous tranquilles, nous sommes en deuil.

Ferme et polie, Latifa fait preuve de sang-froid, comme à son habitude. Mais le gars ne s'arrête pas, au contraire, il hausse le ton.

– Non, c'est nous qui sommes en deuil. Pas vous.

Piquée au vif, ma sœur perd patience.

– Nous sommes venues nous recueillir. Nous avons perdu notre mère dans l'attentat.

Loin de faire profil bas, le « beauf » se lâche complètement.

– Tant mieux ! Ça en fait une de moins !

– Vous n'avez pas honte ? Ma mère est morte ! Elle n'a rien fait !

– C'est ça. Allez, cassez-vous !

Comme il se fait menaçant et s'avance vers nous les poings levés, le barman vient s'interposer. Heureusement, car personne n'a pris notre défense. Loin de là. Assise en terrasse, une vieille dame maquillée à l'excès, visage brûlé par le soleil, n'a rien perdu de la dispute. Elle se tourne vers notre agresseur :

– Vous avez bien raison, monsieur.

Nous quittons le bord de mer, choquées. Ma sœur Faiza, généralement impassible, ne peut s'empêcher de marmonner sa colère. Je lui dis de relever la tête.

– Arrête, c'est tout ce qu'il espère.

19 juillet

Cet après-midi, les hommes ont déserté la maison. Sous le parasol rouge, mes sœurs boivent le thé avec des amies de ma mère. Ces dames insistent pour faire le rituel du henné. Je ne comprends pas bien pourquoi. Normalement, c'est un symbole d'allégresse. La cérémonie du tatouage est d'ailleurs un rite incontournable des mariages traditionnels. Et je n'ai pas vraiment le cœur à la joie.

– C'est pour enlever le deuil ! insistent-elles.

Dans un bol, ma tante a préparé une pâte. Elle en dépose une noisette dans ma paume. Je garde le poing serré quelques minutes pour imprimer le motif. Quand je le rouvre, un petit cercle orange s'est dessiné sur ma peau. Il va me rappeler quelque temps que la vie, malgré tout, doit continuer.

*

En fin de matinée, une voiture de la protection civile est venue nous chercher, Hamza, Latifa, Nadia, Faiza et moi, pour nous escorter jusqu'au reposoir. Cinq jours après l'attentat, nous pouvons enfin aller voir notre mère. La douleur dans ma poitrine se réveille quand nous arrivons. Maman ! C'est bien elle derrière la vitre, étendue sur une civière. Jusqu'à ce moment précis, je n'y croyais toujours pas vraiment. Maman, tes enfants sont là.

« Ô Seigneur, accorde à notre mère une belle place au paradis et pardonne-lui ses péchés. Ô Seigneur, récompense-la pour toute la patience dont elle a fait preuve, pour l'éducation qu'elle nous a donnée. »

Ma mère était tout, et moi, à cet instant, je ne suis plus rien. Toute notre vie, Fatima nous a aimés. Elle nous a dorlotés, guidés, inspirés. Elle a fait de nous ce que nous sommes : des personnes honorables et instruites. Elle était fière de notre réussite. Dans la fratrie, chacun a trouvé sa voie : Hamza est entrepreneur, Ali travaille dans la sécurité, Latifa, les assurances, et moi la santé. Son soutien nous donnait la force de mener à bien nos projets, de surmonter les obstacles. Avant un examen ou un entretien d'embauche, elle savait toujours trouver les mots.

– Sois une femme et demie ! me disait-elle, m'encourageant à me dépasser.

Je me rappelle l'époque du bac : elle faisait mine de rien, pour ne pas ajouter à mon stress.

– Que Dieu t'aide, ma fille, s'était-elle contentée de dire.

Mais une fois chaque épreuve terminée, à peine la porte d'entrée franchie, elle se jetait sur moi :

– Alors ? Alors ? Comment ça s'est passé ?

Fatima n'est jamais allée à l'école. D'origine modeste, elle s'est accomplie seule et nous a offert l'éducation qu'elle n'a pas eue. C'est pourquoi elle prend notre scolarité très au sérieux, nous rabâchant sans cesse l'importance d'avoir des diplômes. Pas question de traîner dehors après l'école, il faut rentrer fissa. Le moment des devoirs à la maison est sacré. Chaque soir, la même routine : Hamza déplie les rallonges du bureau de la chambre et on s'installe tous autour. Interdiction de faire du bruit. Celui qui a terminé le premier doit attendre les autres. Et comme elle ne peut pas parfaitement contrôler nos cahiers, elle demande aux aînés de s'en charger.

Ados, nous ne sortions jamais sans la prévenir. Pas de soirée-pyjama chez les copines non plus. En fin de compte, son acharnement a porté ses fruits : nous avons tous été de bons élèves. En classe, j'avais des facilités en langues vivantes. Pas étonnant quand on en pratique déjà deux. Et championne d'orthographe avec ça, deux fois sélectionnée pour le concours scolaire des « Dicos d'or » ! Je n'ai jamais séché les cours. Enfin sauf une fois, pour aller manifester contre le CPE en 2006... Par conscience politique, n'est-ce pas !

Notre mère ne manque pas une occasion de nous rappeler que c'est en trimant dur que l'on obtient le meilleur. Même si elle se dit heureuse dans son travail, elle rêve d'autre chose de mieux pour nous. Femme de ménage, elle bichonne deux fois par semaine une élégante demeure avec vue sur la mer. La propriétaire, une haute magistrate, étant souvent absente, je l'accompagne parfois pour lui tenir compagnie et m'occuper des chats de la maison. J'ai douze ans et je m'extasie devant le grand jardin, le joli patio, la suite parentale et, le plus extraordinaire... leur fils – unique – dispose d'une salle de bains pour lui tout seul ! Nous qui devons partager la nôtre à huit !

Maman me répète toujours la même chose :

– Tu vois, Hanane, ce qu'on peut avoir en restant à l'école. C'est pour ça que tu dois étudier.

Elle n'a pas eu cette chance, mais a tout fait pour se rattraper. Chaque après-midi, elle se rend dans le quartier voisin de La Madeleine où elle suit des cours de français avec d'autres femmes de son âge, issues de l'immigration. Au centre socioculturel ouvert par la mairie, elle apprend l'alphabet. À son âge, l'exercice est loin d'être aisé, mais quel bonheur de parvenir à déchiffrer des noms, des mots… Au quotidien, elle finit par se débrouiller presque seule, à s'occuper des démarches administratives en toute indépendance, sans l'aide de mon père. Et, si besoin, je l'accompagne à la Sécurité sociale, pour traduire ce qu'elle ne comprend pas.

Une semaine après l'attentat, à La Costière, la maison ne désemplit pas. Nous sommes entourés en permanence et n'avons pas encore pu nous retrouver seuls, entre nous. La pudeur qui nous caractérise n'a plus sa place dans ce drame national qui nous dépasse. Au rythme effréné des médias, notre tragédie familiale est désormais universelle.

Fatima est « un peu devenue notre mère à tous », écrit *Nice-Matin*, qui lui consacre un portrait dans l'édition du jour. Les condoléances nous parviennent du monde entier : du Royaume-Uni aux Émirats, et même de Colombie !

Des journalistes de partout toquent à notre porte, et nous leur ouvrons. Radio canadienne, télévision espagnole, nous voulons que la terre entière le sache : Fatima était la meilleure mère du monde. Une femme formidable. Une vraie musulmane. Nous sommes meurtris et maudissons celui qui nous a enlevé notre vie. Nous ne sommes pas comme lui.

Parler soulage : besoin de raconter les morts pour les garder vivants. Nous témoignons pour notre père qui reste silencieux et pour toutes les victimes qui n'arrivent pas à s'exprimer. Hamza trouve indécent d'exposer ainsi notre chagrin quand, moi, j'ai envie de le crier sur tous les toits. De toute façon, les médias se sont invités dans notre deuil depuis le début. Sans vraiment nous laisser le choix. Les premiers reporters étaient sur place juste après l'attaque, mon frère encore en état de choc quand ils lui ont collé un micro devant la bouche. Moins d'une heure après la catastrophe, les images du cadavre sous le drap passaient à la télévision. Difficile d'y échapper. Un peu plus de retenue et d'humanité aurait été souhaitable.

Comme la presse nous interroge, nous reconstituons le puzzle de notre vie qui vient de voler en éclats. Un souvenir, une anecdote. Les photos défilent sur nos smartphones. Voilà nos fameuses soirées raclette, le plat préféré de maman. Raclette « façon orientale », naturellement. Elle prépare les pommes de terre, la salade, et pour remplacer la charcuterie, des boulettes de *kefta*, de la viande hachée assaisonnée que nous faisons griller sur la pierrade. Avec, bien sûr, des tonnes de fromage à faire fondre, quitte à en mettre partout. De bonnes parties de rigolade garanties. Le plat convivial par excellence.

Fatima est d'une grande générosité. C'est l'islam qui l'inspire, sans doute. Le partage est une valeur très importante de notre religion, c'en est même l'un des cinq piliers : la *zakat*, l'aumône aux pauvres, dont tout musulman doit s'acquitter. Avec Hamza, ma mère s'est engagée auprès d'une œuvre de charité qui vient en aide aux SDF. Une fois par semaine, elle mitonne la soupe pour les démunis et mon frère la distribue à ceux qui dorment dans la rue. Le cœur sur la main, elle avait offert le jour de sa mort ce qui restait du déjeuner à Malika, son amie, de passage chez nous.

– Tiens, comme ça tu n'auras pas à cuisiner ce soir.

– Merci, tu l'emporteras au paradis.

Quelques heures plus tard, cette phrase allait prendre tout son sens. Malika était bouleversée quand elle s'en est souvenue.

Toute notre éducation a été fondée sur les préceptes de l'islam, qui requiert de ses croyants bonté, compassion, entraide et tolérance. C'est cet islam que je pratique, le seul que je connaisse. Nos parents nous ont transmis les valeurs de leur religion, sans nous l'imposer. Jamais nous n'avons été forcés de faire la prière ou de porter le voile. Au contraire, ils m'ont appris que « les actes ne valent que par leurs intentions ». Selon ce *hadith*[1], le respect des pratiques doit venir du cœur et de l'âme. Chacun doit se sentir libre de les suivre ou non. Personne ne peut y être obligé.

J'ai commencé à porter le foulard à l'âge de vingt-trois ans. Avant, il m'arrivait à l'occasion de

1. Texte rapportant la parole sacrée.

nouer un turban sur mes cheveux. En 2013, j'ai pu me rendre à La Mecque pour un court pèlerinage. Ce voyage en Terre sainte m'a enrichi le cœur. Au retour, après mûre réflexion, j'ai choisi de revêtir le *hijab*, un simple foulard qui couvre les cheveux. Pas de méprise, ce ne sont pas les Saoudiens qui m'ont influencée : j'ai pris seule la décision de le porter. Il s'agit d'un cheminement dans ma foi, d'un désir de m'en rapprocher davantage. On entend souvent dire que le voile est un signe de soumission. Pour ma part, en effet, c'est une soumission à Dieu, mais à personne d'autre. J'ai fait mon choix en étudiant ma religion, en pesant le pour et le contre. Et je respecte les musulmanes qui préfèrent ne pas se couvrir la tête. À chacune de vivre sa croyance comme elle l'entend.

Mes parents m'ont laissée libre de ma décision tout en me mettant en garde : ce n'est pas qu'un bout de tissu. Cela fait partie d'un tout, c'est une attitude. Porter le voile, c'est aussi honorer le véritable islam par son comportement : humilité, sobriété. J'y reviendrai plus loin.

Les journalistes sont partis. Affalées sur des coussins au ras du sol, les filles papotent dans la chambre. Les cousins sont restés au salon. Latifa revient avec une petite assiette de riz, cuisinée par une voisine fidèle amie de notre mère.

– Allez, les filles, mangez un bout, ça va vous faire du bien.

Je n'ai pas beaucoup d'appétit et j'y goûte sans envie. « Miam ! » dès la première bouchée. Je jette un regard gourmand à ma sœur : délicieux.

Nous nous léchons les doigts et supplions Latifa de rapporter le plat en entier. Oh non ! Les hommes à côté ont tout englouti et viennent maintenant nous narguer. Nous éclatons de rire. Un premier moment de répit dans une maison d'habitude si joyeuse. Une première bouffée d'air frais. Fatima et sa bonne humeur ; elles étaient inséparables. Ma mère avait aussi beaucoup d'humour. Et ce dicton qu'elle répétait tout le temps : « Le sourire est une aumône. »

21 juillet

La banque qui gère les assurances nous a contactés hier. Elle nous informe que le royaume du Maroc va prendre en charge tous les frais liés au rapatriement du corps, ainsi que les billets d'avion pour toute notre famille. Nous n'avons rien demandé et sommes aussi surpris qu'honorés. Demain, juste après la cérémonie religieuse à la mosquée, notre mère sera transportée jusqu'à Ouarzazate où elle sera inhumée dans sa terre natale.

Une fidèle de la mosquée nous accueille à l'hôpital Pasteur aux aurores. Elle nous guide en silence pour le rite funéraire : selon la tradition, les proches lavent le corps du défunt avant de l'envelopper d'un linceul. D'autres familles sont déjà dans la salle lorsque nous y entrons avec mes sœurs. Derrière un large rideau à demi ouvert, je reconnais Sonia, la mère du petit Sami. Elle serre contre sa bouche une peluche, un minuscule dinosaure vert. Sami avait quatre ans et demi, les joues roses et tout l'avenir devant lui. C'était sa première grande sortie. Son cercueil est si blanc et si petit !

De nos bras, Latifa et moi entourons la maman sans un mot. Au loin, on entend la prière du prêtre qui accompagne une famille chrétienne, endeuillée, comme nous.

– Que Dieu vous donne la patience.

La responsable nous fait signe de la suivre dans une autre pièce. Nous laissons Latifa s'occuper seule de la toilette, car elle est l'aînée. Quand nous la retrouvons, notre mère repose sur le marbre, l'air serein. Je lui caresse le front. La rondeur de son visage reflète parfaitement la douceur de son être.

– T'es belle, ma maman. Je t'aime, ma *chaa Allah*[1].

J'embrasse ses joues que j'imagine, comme autrefois, douces et chaudes. Faiza, Nadia et moi coiffons chacune une tresse sur ses cheveux, lavés selon le rituel. Ali, Hamza et mon père nous ont

1. Littéralement « Ce que veut Dieu ». Ici forme d'insistance courante renforçant le sentiment exprimé.

rejointes. Nous voilà enfin tous ensemble. Avec elle, pour la dernière fois. Seules Latifa et moi remarquons l'inscription sur le couvercle du cercueil qu'un employé emporte discrètement dans un coin de la pièce.

« FATIMA NAIT HDA ÉP. CHARRIHI 1957-2016 »

Nos regards se croisent. Tristes et noirs.

Le lendemain, départ pour l'aéroport au petit matin. Le personnel de la compagnie aérienne marocaine nous réserve un accueil digne des plus hautes personnalités. Étrange et flatteur à la fois. Nous avons la confirmation que le décès de maman a touché les cœurs au-delà de nos frontières. Elle est devenue le triste symbole des victimes du terrorisme.

Escale à Casablanca. Hamza repère des hommes en complet sombre, postés au pied de l'avion.

– C'est pour nous les *Men in Black* ?

Nous descendons la passerelle, pris d'un fou rire nerveux, comme on peut en avoir dans les pires moments.

– Ils viennent chercher Hanane, parce qu'elle parle trop aux journalistes, plaisante Ali.

Mais les costauds s'avancent réellement vers

nous. Et lorsqu'ils demandent : « Famille Charrihi ? » plus personne ne rit.

– Nous vous présentons toutes nos condoléances. Veuillez nous suivre.

Ouf. Flanqués de cette escorte VIP, nous sommes conduits jusqu'à un hôtel très chic, pour une courte pause pendant laquelle on nous accorde mille attentions.

Plus tard, alors que nous arrivons à Ouarzazate en pleine nuit, nous sommes reçus par le préfet en personne et par sa délégation. La mort de Fatima est un drame national dans son pays d'origine aussi :

– C'est notre sœur. Nous sommes tous touchés par sa perte, nous dit le préfet.

Nous prenons la route qui traverse la vallée du Toudra et son oued luxuriant, bordé de vertigineuses falaises. Dans ce décor exotique, entre plaines fertiles et massifs désertiques, ont été tournées des dizaines de superproductions du cinéma, aux studios Atlas. Quand j'étais enfant, nous nous y rendions tous les étés. Comparé à Nice, le dépaysement est total. À l'époque, il n'y avait pas encore d'autoroute : il fallait longer les montagnes pendant des heures, avec parfois des bouchons monstrueux.

À l'aube, nous traversons la palmeraie de Tinghir pour atteindre, enfin, cachées derrière les montagnes, les premières maisons de Taghzoute N'ait Atta, le village natal de ma mère. Devant la mosquée qui surplombe la grande place, des tentes ont été installées pour l'occasion. Alors que le jour se lève à peine, une cinquantaine d'hommes en djellaba blanche sont déjà assis à psalmodier en chœur des prières. Une berceuse qui me plonge comme dans un état second.

Dans la tradition musulmane, il faut enterrer le corps sans délai, alors le sien sera mis en terre le matin même. À 8 heures, l'ambulance qui transporte le cercueil traverse la ville. En découvrant le cortège qui la suit, je dois me frotter les yeux. Je ne crois pas ce que je vois. Ils sont plusieurs centaines, parés de leurs plus beaux habits, venus de tous les villages voisins, marcher en mémoire de Fatima.

– Un millier ! s'exclame ma tante.

Ébahis, nous éprouvons de la fierté devant tant de considération.

La coutume veut que seuls les hommes se rendent au cimetière. Je n'arrive pas à m'y résoudre. Je veux partager ces derniers instants, sentir encore un peu maman près de moi. Alors je me mets à courir comme une gamine pour rattraper le cortège. Dans ma course, j'entraîne Myriam, une amie d'enfance. En arrivant aux abords du cimetière, nous grimpons sur un monticule de pierres. De loin, j'aperçois mon père et mes frères au premier rang, l'air grave. À leurs côtés, des officiels ont fait le déplacement. L'imam commence à dire la prière mortuaire. Quand, brusquement, un jeune homme du village tente de recouvrir le cercueil d'un drapeau berbère. Mon père l'arrête sans attendre et arrache l'emblème. Je n'en reviens pas. Même ici, on veut nous confisquer notre deuil et l'instrumentaliser. Heureusement, Myriam trouve les mots pour me réconforter. Cachées à l'abri des regards, nous observons le ballet d'adieu et je remercie ma mère une ultime fois. Le soleil m'aveugle et me sonne. Ma tête tourne, les souvenirs défilent.

Fatima a grandi ici, chez les Berbères des montagnes du Haut-Atlas marocain, dans un village de paysans bergers. Les Berbères, de leur vrai nom *Amazighs*[1] qui signifie « hommes libres », vivent au Maroc et en Algérie, mais ne sont pas arabes. Ils possèdent leur propre langue et leurs traditions.

1. Ou *Imazighen*.

Ils prétendent à l'indépendance… un peu comme les Basques ou les Catalans.

Celle qui a droit aujourd'hui à un enterrement de reine est née dans une famille pauvre. Sa mère était la sage-femme du village, et son père se déplaçait de ville en ville, tantôt comme maçon, tantôt comme ouvrier. Pour tous, la vie était difficile, la terre aride et le bétail rare. Les mieux lotis recevaient un peu d'argent d'un fils parti en Europe. Ma mère me racontait que les morceaux de viande, si petits dans son assiette, se confondaient avec la semoule. Sur les terres, on cultivait des dattes et des grenades. Tout était fait maison, jusqu'à la graine de couscous, roulée à la main. Garantie 100 % bio ! Pas d'eau courante ni d'électricité : on allait au puits et on s'éclairait avec des lampes à huile. Quasiment pas de transport non plus. À tel point que, pendant longtemps, elle n'a jamais mis les pieds en ville.

Là-bas, l'enfant n'est pas roi : Fatima a été élevée à la dure. À huit ans à peine, elle assurait à la fois les tâches ménagères et le travail aux champs. À la saison de pâturage, elle partait seule dans la vallée conduire les moutons avec, pour unique casse-croûte, un quignon de pain. Elle n'allait pas à l'école, qui était réservée aux garçons. Ils apprenaient à lire et à écrire à la *madrasa*[1]. Leur livre de classe était le Coran. Mais, dès que l'occasion de travailler se présentait, ils quittaient l'école, comme mon père et ses frères l'ont fait. Suivre des études coûtait trop cher, personne n'en avait les moyens.

Pourtant, malgré la disette, Fatima gardait de son enfance des souvenirs joyeux. Benjamine de la famille, elle n'avait que des jouets bricolés et s'amusait d'un rien. Elle nous rappellera souvent que l'on n'a pas forcément besoin d'avoir de l'argent pour être comblé.

Elle a eu la chance de trouver l'âme sœur. Ahmed, qui vient du village voisin, est un « bon parti », beau et doux : toutes les filles n'ont d'yeux que pour lui. À commencer par ma maman. Elle se marie très jeune : elle n'a pas quinze ans, et lui est tout juste majeur. Ça se passait comme ça. Ensuite, selon une tradition pas toujours facile à vivre, ma mère va habiter chez sa belle-famille. Mon père, lui, part travailler pour l'étranger, avec mes oncles. Ils quittent le village pour de longs mois, parfois même plus d'un an.

Nous sommes au début des années soixante-dix,

1. Établissement islamique d'enseignement.

les Trente Glorieuses s'achèvent, toutefois les entreprises françaises continuent de recruter de la main-d'œuvre bon marché dans les pays du Maghreb. En 1973, mon père est embauché à la fonderie de Pont-à-Mousson, dans l'Est. Je m'amuse encore aujourd'hui à chercher sur les trottoirs les plaques d'égout siglées « PAM ». Les contrats durent quelques mois, et les emplois varient. Manutentionnaire ou commis de cuisine à Nancy, ouvrier à l'usine Peugeot de Metz. Au Maroc, Fatima l'attend patiemment. Ses frères et lui rentrent l'été, à tour de rôle, les bras chargés de cadeaux. À vingt-deux ans, elle met au monde Ali, leur premier enfant. Il porte le nom de son grand-père.

En cette année 1979, papa est à Marckolsheim, près de la frontière allemande. Il n'a jamais eu aussi froid de sa vie. Le Maroc lui manque, sa famille aussi. Son meilleur ami, qui travaille à Nice, lui suggère de le rejoindre dans le Sud. Sans contrat, il part tenter sa chance. L'ambiance méditerranéenne lui plaît davantage. La Côte d'Azur est la plus belle région de France, à n'en pas douter. On pense, bien sûr, à la grande bleue, mais il y a aussi les montagnes verdoyantes, le charme du Vieux Nice paré de rouge et d'ocre au soleil couchant…

Il s'y installe en colocation et signe pour un job de maçon. Au Maroc, un nouveau berceau s'est ajouté à celui d'Ali. Faiza ressemble à maman, sauf qu'elle a les yeux très clairs, comme Ali et papa.

Au début des années quatre-vingt, le système de santé marocain est désastreux : celui qui n'a pas d'argent ne peut se faire soigner. Il n'y a pas de réel médecin sur place, et le premier dispensaire se trouve à plus de vingt kilomètres. Personne ne mesure le danger quand la peau de Faiza, à deux ans, se couvre de boutons. Elle décède rapidement de ce qui était probablement la rougeole. Mon père entre dans une colère noire. Il maudit la terre entière. Inconsolable. Il n'y a désormais plus qu'une chose à faire : engager la procédure de regroupement familial. À Nice, il bosse d'arrache-pied pour louer un petit appartement dans la vieille ville afin d'y accueillir sa femme et son fils.

1984 : ma mère, qui n'a jamais rien connu d'autre que les montagnes de l'Atlas, débarque à Nice avec Ali. Elle a l'air complètement perdue. Au feu rouge, elle n'ose pas traverser la grande artère où tant de voitures se croisent. En prenant un Escalator pour la première fois, elle s'accroche fermement au blouson de mon père, tellement elle a peur. Papa la rassure :

– Ne t'inquiète pas, bientôt tu seras habituée à tout ça.

Elle ne parle pas français et ne connaît personne. Cela dit, elle ne va pas tarder à se faire des amis. Danielle, la gentille voisine de palier, l'a prise sous son aile. Elle l'aide pour la paperasse quand mon père est absent, l'informe sur les démarches administratives et lui fait découvrir la région. Ma sœur Latifa naît l'année suivante, et mon frère Hamza vient ensuite, en 1987. Ma mère était peut-être rigoureuse... mais pas dans la gestion de sa pilule, apparemment ! À peine deux années plus tard, c'est moi qui suis arrivée.

– Les enfants sont les ornements de la vie, disait-elle.

Même quand ils se présentent par surprise !

D'année en année, la tribu s'agrandit. Nadia en 1993, et, en 1996, Faiza, qui porte le prénom de notre sœur décédée.

– Un nouvel accident ?

– Oui, répond ma mère en souriant, un heureux accident !

« Famille nombreuse, famille heureuse » :

l'expression est faite pour nous. N'en déplaise à certains. Le cliché de la smala arabe nous a valu quelques déconvenues. Gamine, à La Costière, j'avais l'habitude d'aller cueillir des figues avec ma mère sur un arbre immense au coin de la rue. Mme B., une retraitée solitaire et revêche, habitait une villa juste en face. Un soir, alors que je rentrais de l'école, je devais avoir douze ou treize ans, elle m'interpelle avec son fort accent niçois.

– Ah, c'est toi la famille d'Arabes ? Vous allez déménager ? Je la connais ta mère, elle fait un enfant tous les neuf mois.

Face à tant d'amabilité, je ne me démonte pas :

– Vous dites ça parce que vous êtes seule.

Évidemment, elle poursuit de plus belle :

– Vous faites trop de bruit ! Vous venez toujours voler les figues, profiteurs ! Laissez-en pour les autres.

Le figuier était une propriété publique, il mesurait cinq mètres de haut et ses innombrables fruits finissaient toujours par pourrir au sol. Peu importe, cette aimable personne avait trouvé le prétexte idéal pour passer ses nerfs sur quelqu'un. Bougonne, je rentre à la maison et rapporte ma mésaventure. Mon père veut aller s'expliquer avec la voisine, mais ma mère le retient.

– Laisse-la. Les personnes âgées, c'est comme les bébés. Faut pas les brusquer. Et ne t'inquiète pas, Dieu jugera.

Face au racisme, elle disait toujours de ne pas répondre : « Ce n'est pas à toi de faire justice. »

Mme B., la pauvre, est morte sur sa terrasse un soir de tempête. Elle est restée trois jours dehors avant que quelqu'un ne s'en rende compte. Selon le chauffeur du bus qui me l'a raconté, elle avait tenté de fermer son store pare-soleil quand un coup de vent a retourné la manivelle contre elle et l'a assommée. Justice divine ? Ma mère pensait en tout cas que, si l'on se comporte mal, il ne fallait pas s'étonner de connaître un triste sort.

Nous avons longtemps été les seuls Maghrébins du coin. Ce qui ne nous empêchait pas de vivre en paix avec notre entourage. Nous ne nous sommes jamais sentis exclus dans notre quartier, ni dans notre ville.

Nous, voleurs, profiteurs ? L'honnêteté de ma mère témoignait mille fois du contraire. Pendant seize ans, elle a travaillé au service de Mme D., dans un quartier huppé de Nice. Historienne à la retraite, cette dame a longtemps vécu en Chine et porte ses longs cheveux noirs enroulés à la mode asiatique. Je lui trouve beaucoup d'allure. Elle avait une parfaite confiance en ma mère. Intègre et loyale, il ne serait jamais venu à l'esprit de Fatima de voler un euro, jamais de la vie. Et lorsque, une fois, par inadvertance, elle a cassé un plateau de verre chez sa patronne, elle s'est débrouillée pour retrouver le même modèle et le remplacer, malgré son prix. Elle m'a surprise un jour en train de tester sur mon poignet le parfum Chanel de Mme D. Je m'en souviens encore. Une sacrée leçon :

– Hanane, repose ça tout de suite ! Personne ne t'y a autorisée.

La résidence était construite sur les ruines d'un ancien château dont il reste le fastueux jardin fleuri. Mme D. passe des heures à choyer ses plantes. Comme elle regrette de ne pas avoir eu de descendance, ma mère la convainc que ses fleurs sont comme ses enfants.

– Après tout, vous les soignez, vous leur parlez, vous leur donnez de l'amour.

L'anecdote m'est rapportée par cette dame, après la mort de ma mère. Comme bon nombre de voisins et amis non musulmans, elle est venue à la mosquée de Nice assister à la cérémonie religieuse précédant l'enterrement. Elle porte sur la tête un voile de soie blanc et pleure sur mon épaule.

– Votre maman était fière de vous. Elle vous aimait beaucoup.

Nos parents n'ont jamais gagné des fortunes, mais ils sont toujours parvenus à nous faire plaisir. Nous vivions chichement, mais nous ne manquions jamais de rien. Mon père travaillait beaucoup, mais rentrait toujours pour dîner. S'il devait s'absenter le week-end, il s'organisait au mieux pour nous rejoindre le plus vite possible. Il aidait ma mère au quotidien, se chargeait des courses, et passait tout son temps libre avec nous. Nous savourions ensemble les plaisirs simples de cette vie d'une heureuse banalité.

À Nice, il y a trois cents jours de soleil par an, largement de quoi en profiter. Je garde un doux souvenir de nos sorties en famille le week-end : promenades à vélo, chasses au trésor. Mon père adore le grand air et ma mère n'est pas du genre à rester enfermée non plus. Depuis le parc de la Colline du château, le panorama sur la baie est sensationnel. Maman fait les courses près de la promenade des Anglais et nous pique-niquons dans le jardin, derrière les fontaines et les cascades.

Parfois, nous poussons la balade jusqu'à Contes,

un village médiéval de l'arrière-pays. Sur la route, nous avons l'habitude de nous arrêter dans une ferme acheter un poulet, ou parfois un mouton pour l'Aïd, la fête du sacrifice. Sans intermédiaire, du producteur à l'assiette ! Surtout, nous ne faisons jamais l'impasse sur ce petit fromage de chèvre rond et frais qui survit rarement au dîner.

Évidemment, la vie n'est pas un long fleuve tranquille. Adolescent, Ali traverse une mauvaise passe. Mon frère joue les caïds, commet de petits larcins, se mêle à des rixes. Maman tente de le raisonner.

– C'est *haram*[1] !

En vain. Ses égarements finissent par le conduire au poste de police. Fatima est dévastée. Nous ne sommes pas une famille à problèmes, et mon frère est le seul à lui donner du fil à retordre. Mon père lui passe de sacrés savons, menace :

– S'il continue ses bêtises, à dix-huit ans, je le fous dehors !

Ma mère, au contraire, fait plutôt preuve de compassion. Jamais elle ne l'accable.

– Que t'arrive-t-il, mon fils, pourquoi fais-tu ça ? Si tu ne crains pas les lois, au moins crains Dieu.

1. Péché.

Ali réalise qu'il est sur le mauvais chemin et finit par s'assagir. Il commence une formation et apprend un métier qui lui plaît. Fatima le savait foncièrement honnête et travailleur, elle est définitivement rassurée de le voir bientôt se marier et devenir un père comblé.

La voisine grincheuse doit se retourner dans sa tombe : ma mère est à nouveau enceinte. À quarante ans passés, sa grossesse est difficile, mais Yasmina, dernière de la fratrie, vient au monde en 2002. Encore une nana ! La cinquième.

Avec ses filles, bien sûr, Fatima est protectrice. Comme toute mère poule qui se respecte, elle s'assure que nous ayons de bonnes fréquentations et des amis qui exercent sur nous une bonne influence.

– Choisis-les bien. Il n'en faut pas beaucoup du moment qu'ils sont sincères et meilleurs que toi.

Maman adore les roses : il y en a toujours une ou deux dans un vase à la maison.

– Regardez, dit-elle, la rose est belle, mais elle pique. Pour la toucher, il faut être délicat.

Voilà une manière subtile de nous faire passer le message : ne soyez pas des fleurs que l'on arrache facilement.

Jamais elle n'a pensé qu'une femme doit être

soumise à son époux. Pas le genre à dire : « Marie-toi et fais des enfants. » Au contraire. Notre mère avait plutôt à cœur de valoriser l'image d'une femme forte et éduquée.

Quand, à l'âge de vingt ans, je lui annonce vouloir me fiancer, elle s'inquiète pour mon avenir.

– Tu ne vas pas arrêter tes études ! C'est plus important.

– Mais non, ne t'inquiète pas. C'est bien comme ça que M'hamed voit les choses.

À la seule condition de poursuivre ma scolarité, elle m'autorise finalement à quitter la maison. Elle n'est pas très tranquille. Pourtant, elle a bien tort de se faire du souci. Je me demande si elle se rend compte que c'est elle mon modèle. Jamais je ne la décevrai. Je n'ai qu'un objectif : lui ressembler. La voir si bien gérer son travail de femme de ménage, son foyer et sa tribu de sept enfants m'a toujours impressionnée. En plus, elle trouve le temps de soigner son allure : pas de doute, maman assure. Une vraie *wonder woman* ! Et dire que je galère avec seulement deux gosses…

Elle était ma première confidente, et je ne lui cachais rien. Pas même mes histoires de cœur. À la veille de mon mariage, je suis saisie de doutes.

Je m'inquiète du départ vers la capitale, si loin de mes repères, de ma famille.

– Maman, je ne suis plus si sûre...

Là encore, elle sait me rassurer.

– Hanane, ma fille, tu sais, même les princesses s'envolent un jour loin de leur père.

Au début des années 2000, avec l'arrivée de la benjamine, nous nous sentions à l'étroit dans l'appartement. Ali avait quitté le domicile familial mais nous restions six enfants et adolescents à la maison. Non pas que le manque d'intimité me dérangeait, au contraire, je me serais ennuyée seule, mais nous nous marchions un peu sur les pieds.

– Papa, pourquoi on ne déménage pas dans un appartement plus grand ?

Sa réponse – qui a pris depuis un sens tragique – me fait pourtant toujours sourire.

– Ah non ! Vous allez finir par tous partir, et je vais me retrouver en tête à tête avec votre mère !

Joignant le geste à la parole, il va se cacher au fond du couloir, ne laissant dépasser que sa tête, et prend une voix chevrotante censée imiter Fatima en vieille dame.

– Ahmed ! Ahmed ! Ramène-moi mes chaussons !

Comme nous partons dans un grand éclat de rire, il conclut, faussement sérieux :

– Vous voyez, quand votre mère et moi on sera vieux, ici ça sera bien trop grand pour nous.

Il avait raison. Petit à petit, la maison s'est vidée de ses enfants, et l'espace qui nous semblait si étroit est devenu immense.

11 septembre

Je ne veux plus aller à Nice, plus remettre les pieds dans la maison de mon enfance. Rien que d'y penser, mon cœur se soulève. Pourtant, ma famille insiste, et je meurs d'envie de les voir, mais je n'ai pas la force d'affronter le vide.

Demain c'est l'*Aïd el-Kebir*[1], la fête la plus importante chez les musulmans. On se retrouve en famille, entre amis, autour d'un grand repas. On s'offre des cadeaux, un peu comme à Noël. Alors évidemment, maman me manque, encore plus que les autres jours. Depuis que j'habite Paris, je passe généralement cette journée avec ma belle-famille. Tout le monde est sur son trente et un. Tôt le matin, nous nous rendons à la mosquée pour assister à la

1. Ou Aïd el-Adha («fête du sacrifice»).

grande prière. Au retour, j'appelle les miens, réunis à Nice. Par FaceTime, pour les voir, être un peu là-bas, avec eux, comme avant.

Aujourd'hui, deux mois après le décès de ma mère, je me repasse sans arrêt cette vidéo enregistrée sur mon smartphone. Latifa l'a filmée en juillet pendant l'Aïd el-Fitr[1], dans un parc de Nice. Zakaria, mon neveu, est assis sur les genoux de sa grand-mère, ils sont perchés sur une balançoire. Lentement, du bout des pieds, elle le berce d'avant en arrière et récite à ce rythme, un par un, les prénoms de tous les membres de la famille.

– Bonne fête de l'Aïd... Hanane. Bonne fête de l'Aïd... Latifa. Bonne fête de l'Aïd... Ali. Bonne fête de l'Aïd... Hamza...

J'ai tellement envie de la voir, d'entendre sa voix ! Pendant des semaines, après l'attentat, j'ai continué à l'appeler au téléphone. Dans mon répertoire, accolé au numéro de son mobile, « Mamounette » est suivi d'une ribambelle de petites fleurs et de cœurs rouges. Je lance l'appel. Le répondeur s'enclenche. La voix enfantine de ma petite sœur Yasmina parle pour notre mère. « Bonjour, vous êtes

1. La deuxième fête de l'Aïd, qui célèbre la fin du ramadan.

bien sur la messagerie de Fatima, elle n'est pas là pour le moment, veuillez laisser un message après le bip, merci et au revoiiiir. »

D'habitude, je raccroche. Mais pas là. Après le signal, je respire un grand coup.

– Bonne fête de l'Aïd... ma petite... Mamounette. Tu me manques terriblement. C'est trop dur sans toi. C'est pas pareil. Je t'aime, ma maman. Que Dieu te fasse miséricorde.

Laisser ce message me fait du bien, me soulage un peu, même si rien ne semble pouvoir combler son absence. La nuit, le camion roule sans fin. Dans mes cauchemars, il file au loin, je cours pour le rattraper, en vain. Ce poids lourd m'obsède. Comme tous ceux croisés sur ma route. Je me retourne sur leur passage.

– Ça, c'est un dix-neuf tonnes ?

Mon mari baisse les yeux, gêné.

– Non, c'est plus gros.

– Et ça, c'est un dix-neuf tonnes ?

– Oui.

– Salaud...

J'ai peur que tout ça ne recommence. Je lutte pour ne pas sombrer dans la parano, alors que les pires scénarios défilent dans ma tête. Sur le quai des stations bondées du RER, je prie pour qu'un fanatique ne se fasse pas exploser. Ou encore qu'un raciste extrémiste ne décide de se faire justice.

Car, dès les morts enterrés, les vieux fantômes se sont réveillés. Depuis l'attentat, la question, ou plutôt le « problème » de l'islam en France, fait la une et occupe tout le terrain politique. L'esprit du 11 janvier a-t-il déjà fait long feu ? Comme si les belles paroles avaient volé en éclats. Étouffées par la peur. Les musulmans sont au centre de l'attention.

« Stop, les moukères ! », « Musulmans = collabos des islamos ». Sur les réseaux sociaux, les « trolls » racistes s'en donnent à cœur joie. « Attentats : Stop à l'Aïd el-Kebir humain », ose même Brigitte Bardot. Décomplexé, le discours xénophobe s'étale plus que jamais. Les injures se font plus fréquentes et plus radicales, comme si l'état d'urgence avait ouvert un droit à la discrimination.

Mais la haine ne reste pas cachée derrière les écrans. Pour la deuxième fois en trois mois, la tête d'un sanglier dépecé a été déposée devant la mosquée En-Nour, celle où s'est tenue la cérémonie funéraire pour ma mère. Répugnant. Il est vrai que la défiance autour de cette mosquée ne date pas d'hier : la municipalité avait tout fait pour empêcher son ouverture. Visiblement, elle pose toujours problème aux voisins.

Par le passé, ma famille et moi n'avons jamais vraiment souffert du racisme, même quand notre mère était la seule femme voilée du quartier. Les choses ont commencé à se gâter après l'attentat contre *Charlie Hebdo*. Je n'ai plus osé, alors, me rendre dans certains villages de la Côte d'Azur de peur des mauvaises réactions. Avant, les amalgames me blessaient, désormais ils m'exaspèrent et m'effraient. Lassée de devoir sans cesse me justifier, répéter que nous ne cautionnons pas la folie djihadiste. Sur le Net, je partage les liens des campagnes martelant que Daech ne représente pas l'islam : « #Notinmyname » (#pasenmonnom). Mais c'est une telle évidence à mes yeux...

Hélas ! ça ne l'est pas pour tout le monde. À Tremblay-en-France, en région parisienne, le patron d'un grand restaurant chasse deux femmes voilées de son établissement. La raison ? Lu dans la presse : « Les terroristes sont musulmans, et tous les musulmans sont terroristes. » Désespérant. Je n'aspire qu'à vivre mon deuil en paix, sans avoir en plus à subir d'affronts. Oui, nous sommes en colère, tous, moi la première. Moi aussi, j'ai peur des terroristes. Je les hais de nous faire vivre dans l'angoisse permanente d'une nouvelle catastrophe. Dois-je craindre en plus de me faire agresser ? Une sorte de double peine. Cette escalade m'attriste et m'inquiète. Encore plus quand elle vient de nos représentants politiques. Leur nouvelle obsession, en cet été 2016 ? Les musulmanes en maillot de bain.

Deux semaines après l'attentat, la mairie de Villeneuve-Loubet, à vingt kilomètres de Nice, signe un arrêté qui va faire scandale. Il interdit l'accès aux plages de la commune aux femmes vêtues d'un *jilbeb* de bain, surnommé « burkini », bien qu'il ne couvre pas le visage. Cannes, Nice, Fréjus, une dizaine de communes de la région lui emboîtent le pas. Des policiers interviennent pour mettre des amendes aux femmes refusant de s'en séparer. On croit rêver. Quelle humiliation !

Heureusement, le Conseil d'État finit par invalider l'arrêté de Villeneuve-Loubet. Mais, malgré cela, les maires des autres communes maintiennent leur interdiction, dans l'attente d'annulations qui ne font pourtant aucun doute. Quelle honte : faire respecter les lois de la République, et, en même temps, faire mine d'ignorer ses décisions ?

Juste à côté de la plage de Nice, trente musulmans

ont perdu la vie. Nous avons été touchés comme les autres, et pourtant on veut nous discréditer. Un acharnement imbécile. D'autant qu'en réalité le burkini ne gêne pas grand monde. Le voile, c'est pareil : à part quelques regards curieux, la majorité des gens que je croise s'en contrefiche. À l'étranger, on s'interroge : « C'est ça, la laïcité à la française ? » Pis, on s'inquiète que les photos des policiers en « alerte burkini » ne viennent alimenter la propagande djihadiste.

Plutôt que d'appeler au calme, Manuel Valls, le chef du gouvernement, y va lui aussi de sa charge contre le foulard islamique.

– Marianne n'est pas voilée parce qu'elle est libre ! C'est ça, la République !

Encore une fois, la presse internationale réagit défavorablement. Y compris dans le *New York Times*, des observateurs soulignent le danger d'un discours stigmatisant, qui ne fait que renforcer le sentiment de persécution de musulmans n'ayant rien à se reprocher.

Moi, je ne me sens pas incompatible avec la République. Je suis française et musulmane. Je ne veux pas avoir à hiérarchiser, à choisir entre ma nationalité et ma religion. Les deux font partie de mon identité, à égalité. Je suis française et je porte le voile, ce n'est pas inconciliable. Voir la laïcité malmenée, instrumentalisée, me consterne. La France est un pays libre. Chacun peut croire ou ne pas croire. Si la religion n'a pas sa place dans les affaires de l'État, rien n'interdit qu'elle existe dans la société. C'est ça, la laïcité. Je ne cherche pas à imposer ma religion aux autres avec mon *hijab*, pas plus qu'un juif avec sa kippa. Me demander de le retirer, c'est me priver d'une liberté. Et si le voile venait à être interdit dans l'espace public, je continuerai à sortir la tête couverte, avec une capuche, une perruque ou même un chapeau niçois !

Cela ne m'empêche pas de vivre avec mon temps.

Quoique d'une autre génération, ma mère comprenait que je soutienne les revendications féministes tout en vivant pleinement ma croyance. Si être féministe, c'est réclamer la liberté pour les femmes partout dans le monde, l'égalité avec les hommes en termes de droits et de salaire ou le pouvoir de contrôler son corps, de se vêtir librement, en *hijab* ou en minijupe, alors je le suis.

Voir qu'aujourd'hui, en Arabie Saoudite, les femmes n'ont même pas le droit de conduire m'est intolérable. Nous devrions toutes être libres. Il n'est pas contradictoire de défendre celles qui ne veulent pas porter le voile et d'affirmer en même temps, ici, notre liberté de le mettre. Surtout : nous vivons dans un pays démocratique, cessons de comparer notre situation à celle de femmes qui habitent des monarchies historiquement théocratiques ou des dictatures déguisées. Prenons exemple sur nos voisins. Pourquoi la culture anglo-saxonne et les pays scandinaves acceptent-ils mieux le foulard que nous ? À Amsterdam, mes cousines voilées sont parfaitement intégrées. Saida, directrice des ressources humaines, porte le voile au bureau. Sa sœur est avocate, elle a fait de longues études et n'a pas abandonné son *hijab* pour autant. Pourquoi chez nous n'arrive-t-on pas à en débattre sereinement ?

Je suis meurtrie de voir ma religion prise en otage par les terroristes et qu'on m'assimile à eux pour un simple foulard. Je me souviens l'avoir vraiment réalisé au mois d'avril dernier. À cause d'un enfant. De passage à Nice, je rentre du supermarché de La Costière, avec ma mère et mes sœurs. La voisine nous précède dans la cage d'escalier. Son fils de cinq ans traîne derrière. Sa mère à l'étage, le petit garçon s'arrête à notre niveau et crie :

– Des terroristes !

Joignant les mains, il nous vise en faisant mine de nous mitrailler.

– Ta, ta, ta, ta, ta... !

Le môme part en courant, mais Latifa, stupéfaite, ne veut pas en rester là. Elle monte frapper à la porte. La mère nous ouvre.

– Vous savez que c'est très grave ce qu'il vient de faire ?

La voisine, avec qui nous entretenons d'excellents rapports, se confond en excuses.

– Je suis vraiment navrée. Dis pardon à la dame !

Néanmoins, l'incident nous laisse perplexes. Les stéréotypes et la violence sont déjà imprimés chez ce gosse. A-t-il vu des choses à la télévision, a-t-il répété des bêtises entendues dans la cour de récréation ? La première école reste le foyer familial. Il en va de la responsabilité des parents d'éduquer les enfants à faire la différence, à se garder des idées toutes faites. Les musulmans ne sont pas les seuls à les subir, évidemment. Aux juifs, aux Asiatiques, aux Noirs ou aux Roms collent des clichés tenaces.

Pourtant, personne ne vient au monde raciste, antisémite ou homophobe. C'est la peur et l'ignorance qui font naître les préjugés. Chacun peut se forger sa propre opinion. À condition d'avoir les bonnes clés. Les médias sont le thermostat du pays : ils contribuent à apaiser ou à raviver les tensions. Un sacré pouvoir. Et une grosse responsabilité aussi. Si nous avons accepté, ma famille et moi, de répondre aux journalistes, c'est aussi pour donner à entendre un autre discours que celui, nauséabond, des Zemmour, Finkielkraut et autres squatteurs d'antenne.

Identité, burkini : on s'attarde sur des débats malsains ou des sujets mineurs. Le chômage, la détresse des agriculteurs, le réchauffement climatique, tant de vrais problèmes mériteraient davantage d'attention. Changeons de disque !

Rien ne m'agace plus que d'allumer ma télévision et de me sentir dans le viseur d'une émission au titre racoleur : « Dossier tabou. L'islam en France : la République en échec ». D'habitude, je regarde avec bienveillance les aventures de Bernard de La Villardière, reporter un peu ballot, globe trotter attachant. Mais, ce soir, je m'étrangle devant le poste. Le chevalier de l'info est parti en croisade. Son reportage à charge mélange tout : moralisateur, sans nuances, il montre les dérives d'une minorité d'intégristes, en généralisant à l'ensemble de la communauté musulmane. Deux mois après l'attentat de Nice, il bat des records d'audience. « Tabou » ? Un sujet qui a occupé les trois quarts du temps médiatique cet été ? Il n'y a aucun tabou. C'est normal de s'interroger sur l'islam puisque les terroristes se revendiquent comme musulmans. Mais, à force de revenir sur la question, on dérive vers des sujets qui n'ont plus rien à voir avec les attentats : le halal, les prénoms à consonance étrangère... On creuse la défiance, on instille l'idée que tout est lié pour n'en faire qu'un seul et même problème dont il faut se débarrasser. Et l'on oublie de rappeler le vrai visage des musulmans de France, ceux qui sont intégrés, comme nous, comme ma mère, qui sont respectueux des lois de l'État et de ses devoirs. Les intégristes, avec leurs convictions obscures et passéistes, ne sont qu'une petite minorité des 1,6 milliard de musulmans dans le monde. L'immense majorité des pratiquants tient de sa religion des valeurs nobles et ignore tout du courant fondamentaliste. Ils se contentent, comme moi, de suivre les obligations principales de l'islam : faire la prière, le ramadan, et mener une vie sobre.

Alors quand j'entends que la première déclaration de Jean-Pierre Chevènement, président de la nouvelle Fondation pour l'islam de France, est d'appeler les musulmans à la « discrétion », je me dis que ça commence bien ! En est-on arrivé à ce point ? À devoir se cacher ?

Les divisions entre Français, c'est l'extrême droite qui en profite, pas le Parti socialiste, à en croire les sondages. Trois jours après les événements du 14 juillet, la famille Le Pen, opportuniste, se vante déjà d'une montée en flèche du nombre de ses adhérents. Pour eux, c'est du pain béni. Même plus la peine de travailler à un programme. Les nationalistes focalisés sur l'immigration font partie du paysage politique depuis longtemps à Nice. Maintenant, ça me chagrine qu'autant de jeunes adhèrent à leur discours.

Sur Facebook, une vieille copine de lycée affiche souvent des propos qui me choquent, contre l'invasion arabe ou les immigrés profiteurs de la CAF. Quelle bêtise ! Ma mère nous a tous eus par amour, pas pour toucher des allocations. Et dire qu'enfants, nous faisions les quatre cents coups ensemble. Quand je lui fais remarquer que ce qu'elle écrit est indigne de notre amitié, elle a l'air embarrassée.

– Mais non, Hanane ! Toi, c'est pas pareil !

Il est si facile d'effrayer les gens ! Un exemple : pour dénoncer un projet de construction de mosquée, un élu niçois est allé jusqu'à diffuser l'appel à la prière par haut-parleur, en pleine rue. On nage en plein délire.

Ses amis collent des affiches : « Non au kebab ! Oui à la socca[1]. » Mais celle que je cuisine est aussi délicieuse que mes brochettes ! Pourquoi ne pourrait-on pas aimer les deux ? Si seulement nos représentants mettaient autant d'énergie à défendre des causes utiles !

Mais non ! Fin septembre, en meeting électoral, Nicolas Sarkozy continue de savonner la planche :

– Les Français… nos ancêtres sont gaulois.

J'aime beaucoup Astérix, mais mes parents sont marocains. Pourtant, je me sens bien française, au moins autant que le fils d'un immigré hongrois. Plus jeune, s'il m'arrivait de me présenter comme marocaine, parce que fière de mes racines, mon père me corrigeait :

– Non, Hanane, tu es française. D'origine marocaine.

Les populations issues de l'immigration ont participé à la construction de la France, aux combats

1. La socca, galette à base de farine de pois chiche, est une spécialité culinaire niçoise.

de ce pays. Ils ont la mémoire courte, les nationalistes, dirait-on. Ont-ils oublié les Berbères qui ont combattu pendant la guerre, les goumiers marocains qui ont libéré la Corse ? Sur les grands chantiers du pays a coulé la sueur d'Arabes, d'Africains, de Portugais, d'Espagnols… Le visage de notre nation porte les traits d'une multitude d'ancêtres de toutes origines.

Je n'ai aucune envie de prendre la fuite, ni qu'on me chasse de chez moi.

Rentrez chez vous ? Où ça, à Aulnay-sous-Bois ? À Nice, à la rigueur, mais je ne peux pas aller plus loin ! Je suis née ici, j'ai grandi sur les bancs de la République. La France est ma patrie. Je suis fière de ma nation et de ses traditions. C'est ma France, aussi. J'y contribue. Depuis l'âge de seize ans et mes premiers jobs d'été, j'ai toujours travaillé, mon père aussi, depuis plus de quarante ans. Mon mari est chef d'une petite entreprise, il crée de l'emploi et paie ses charges. Nous ne sommes pas des « assistés ». Nous réglons la douloureuse sans broncher. Parce que c'est à ce prix-là que le pays bénéficie d'un excellent système social, de l'accès aux soins et à l'éducation. Et que nous pouvons aider ceux qui sont dans le besoin.

19 septembre

Les bouchons nous ont retardés. Quand nous arrivons dans la cour, derrière le dôme des Invalides, la plupart des invités ont déjà pris place. La Garde républicaine encadre l'espace aménagé pour l'occasion. Les journalistes sont nombreux : la commémoration est retransmise en direct à la télévision. Aujourd'hui, la nation rend hommage à ma mère. À elle, et à toutes les victimes françaises du terrorisme. De *Charlie Hebdo* à Saint-Étienne-du-Rouvray, du Bataclan à Nice, deux cent trente-huit innocents ont perdu la vie depuis 2015. Autant de foyers fracassés. Une grappe de personnalités politiques fait face au pupitre. Mon père, Latifa, Yasmina, Ali et moi nous nous pressons de rejoindre notre rang, quand mon regard croise celui d'une connaissance. L'avocat de la famille me fait signe de le rejoindre de l'autre côté. Il tient le bras de Latifa Ibn Ziaten, la mère d'Imad, militaire tué par Mohammed Merah à Toulouse, fondatrice d'une association pour la jeunesse et la paix. Nous sommes les deux seules femmes voilées de l'assemblée. En traversant le parterre, je tourne furtivement la tête vers l'assistance. Malaise, tous les regards sont braqués sur moi. Le Premier ministre Manuel Valls, la maire de Paris, le ministre de l'Intérieur me dévisagent, comme Christian Estrosi et Nicolas Sarkozy – que fait-il ici, lui ?

L'automne est arrivé, le temps est maussade. Et comme le président François Hollande assiste à la cérémonie… on n'est pas à l'abri de quelques gouttes de pluie ! C'est important de savoir que la République partage notre peine. Nous nous sentons moins seuls. Mes sœurs mineures sont devenues pupilles de la nation. Officiellement adoptées par l'État, Faiza et Yasmina sont, littéralement, des enfants de la République. La patrie pour maman.

Solennellement, le président fait son entrée sur le parvis. Un violon déchire le silence. Moment de recueillement, où nous communions ensemble, entre familles de victimes. Unis dans le deuil, nous les proches, les rescapés, les blessés, formons désormais une même famille. Chacun d'entre nous connaît ce sentiment injuste d'être victime d'une guerre qui n'est pas la nôtre. Cette communion m'apporte beaucoup de réconfort, plus encore que les honneurs de la nation. À la tribune, le témoignage de Yasmine Marzouk me bouleverse. Jeune fille gracile, elle livre un discours poignant. Sa tante et son neveu de treize ans ont été assassinés à Nice le 14 juillet.

– L'histoire de ma famille, c'est l'histoire de quatre-vingt-six familles meurtries. La vie ne sera jamais plus la même. Les rires, les joies, les pleurs ne résonneront plus jamais comme avant.

Sa voix est entrecoupée de sanglots mais son message est fort.

– Nous sommes une famille de confession musulmane, et il ne faut surtout pas faire l'amalgame.

Je regrette que Leila ne soit pas là aujourd'hui. Cette camarade de lycée perdue de vue depuis longtemps m'avait recontactée après l'attentat, pour prendre des nouvelles.

– Comment tu t'en sors ? Le retour à la maison n'est pas évident. Restons fortes.

Tout à l'heure, pendant la lecture des noms des victimes, celui de son père a été écorché. Elle le vit mal. Malik et ses petits cousins Younès et Léa sont morts sous ses yeux sur la Prom'. Comme chez tous les témoins du massacre, quelque chose en elle s'est cassé le 14 juillet. Elle a vu les secours contraints de choisir parmi les blessés, pour soigner en priorité ceux qui avaient le plus de chances de s'en sortir. Elle a vu sa petite sœur s'égosiller et courir après le camion. La jeune femme aurait voulu tuer l'assassin une deuxième fois, de ses mains. La colère de Leila ne s'est pas apaisée depuis les événements. Enfermée dans cet instant tragique, elle a arrêté de tourner les pages du calendrier le 14 juillet.

Personne ne se remettra de ce carnage. Ni les témoins, ni les victimes collatérales, ni personne en France. Nous sommes condamnés à vivre avec. Et, pour certains, cela tient plus de la survie. Ali garde la tête haute, mais il n'a pas repris le travail. Il peine encore à trouver le sommeil, s'adonne à la musculation pour passer ses nerfs. La culpabilité le ronge : il s'en veut de ne pas avoir sauvé maman. Saïd a perdu onze kilos. Le médecin lui a prescrit des médicaments pour calmer son anxiété. Adam, le fils d'Ali, a tout vu, lui aussi. Il a sept ans, il pleure souvent désormais et fait des caprices pour un rien. L'autre jour dans le parc, quand un ballon a explosé, il a fait une crise. Il avait les lèvres blêmes.

Mon père n'est plus le même. Il est devenu silencieux, parle peu de ma mère. Au téléphone, je le sens ailleurs.

– À quoi tu penses, papa ?

– À la mort.

Il a jeté tous les géraniums du balcon, ils lui rappelaient trop Fatima. Mais il a tenu à se remettre au travail rapidement. C'était toujours mieux que de rester chez lui à ruminer. Hélas ! son emploi de chauffeur l'oblige à passer tous les jours sur la promenade des Anglais. Un vrai calvaire. Alors j'essaie de le convaincre de quitter Nice et de me rejoindre à Paris avec mes petites sœurs. Nous avons la chance d'être une famille soudée, d'avoir des amis fidèles qui nous aident à garder le cap. J'appelais rarement ma tante Aicha : maintenant, je l'ai au téléphone presque tous les jours. Je vais sûrement aller lui rendre visite aux Pays-Bas. Notre foi nous aide aussi à surmonter notre peine. Même si la colère prend parfois le dessus.

Dans l'avion, cet été, mon père a croisé Éric Ciotti, député Républicain et président du département des Alpes-Maritimes. Figure médiatique, il s'est défaussé, comme tous les politiques, après l'attentat, chacun rejetant sur l'autre les questions de sécurité.

– Vous savez que je viens d'enterrer ma femme ?

L'homme est devenu tout rouge. Embarrassé, il a marmonné : « Courage, courage », avant de retourner s'asseoir. Papa lui aurait bien collé son poing dans la figure.

Comprenez-le, il reste tellement d'incompréhension derrière le drame. Comment une telle chose a-t-elle pu se produire dans un pays en état d'urgence ? Le dispositif de sécurité était-il à la hauteur ?

Quand je lis qu'il n'y avait qu'une seule voiture de police sur la Prom', que le camion a été filmé à onze reprises en repérages et que la réglementation interdit ce gabarit de poids lourd... Je suis révoltée. Je sais que les services de prévention font de leur mieux, qu'on ne peut pas mettre un flic à chaque coin de rue, mais je me pose des milliers de questions. Et pas seulement pour Nice. Pour nous, c'est trop tard. Mais s'il y a eu des failles, il faut les identifier, tout faire pour éviter un nouvel attentat.

Pour une ville équipée de mille deux cents caméras de vidéo-surveillance et censée avoir l'œil sur tout, on peut dire que c'est raté. Christian Estrosi, l'ancien maire et actuel président de la

Région, se vantait de son système dernier cri, après *Charlie Hebdo* :

– Si Paris avait été équipée du même réseau que le nôtre, les frères Kouachi n'auraient pas passé trois carrefours sans être neutralisés.

Ou peut-être, on peut le craindre, auraient-ils fait trois fois le tour de Nice…

Attention, je ne me trompe pas d'ennemi, je sais qui sont les seuls responsables de ce massacre, ceux qui devraient être traduits en justice. La secte terroriste le sera-t-elle seulement un jour ? Fatima aussi trouvait inconcevable qu'un « État islamique » répande la terreur et le chaos. Elle disait que les criminels finiraient par le payer, tôt ou tard. Celui qui, au nom d'Allah, attaque un prêtre, seul, dans son église, comme à Saint-Étienne-du-Rouvray, n'est pas musulman. Juste un sadique qui n'a pas besoin de prétexte.

Au retour du Maroc, fin juillet, nous sommes passés par Nice avec Jouneyd, mon fils. Il a l'habitude que sa grand-mère soit là pour s'occuper de lui alors il la réclame sans cesse et montre du doigt ses objets fétiches : « chaussures mamie », « lunettes mamie ». Il n'a que trois ans, comment lui expliquer ? Je lève les mains au ciel.

– Mamie n'est plus là, elle est partie chez Allah.

– Mamie mort ?

– Oui, c'est le méchant monsieur qui l'a tuée.

À l'assassin de ma mère, le chauffard psychopathe, j'essaie de ne pas faire le cadeau de ma rancune. Pour lui, je n'ai que du mépris. La vie est si belle. Il n'en avait qu'une. Et ma mère aussi. Pauvre de toi. La voilà, ta pauvre vie. En es-tu fier ? Nous ne serons jamais quittes. Je ne prendrai pas les armes, je ne peux que prier. Et continuer de vivre. Vivre. La voilà, ma seule vengeance.

« Vous n'aurez pas ma haine », a écrit Antoine Leiris, un journaliste qui a perdu sa femme au Bataclan. Je ne leur ferai pas ce plaisir non plus.

À La Costière, dans la pièce d'à côté, j'entends mes sœurs qui se chamaillent. Que se passe-t-il ?

– Je l'ai vue en premier !

– Non, la broche est pour moi ! J'en ai la preuve !

Yasmina détale dans sa chambre. Elle farfouille dans un tiroir pour en extirper un vieux bout de papier chiffonné, qu'elle nous tend fièrement.

– Vous voyez bien !

Sur la feuille, une écriture enfantine détaille la répartition des affaires de Fatima. Son testament !

Parti d'une taquinerie, notre mère avait pris l'exercice très au sérieux. Rédigé par sa fille, le précieux document établit ses dernières volontés, sans oublier un mot tendre pour chacun de ses enfants.

– Hanane, même si tu habites loin, n'oublie jamais tes frères et sœurs... ni ta prière !

Fin de la chamaillerie. Cette broche en argent, transmise de mère en fille depuis plusieurs générations, était le bijou préféré de Fatima. Elle revient bien à Yasmina. Chacune, nous prenons dans l'armoire un vêtement familier et une robe de fête. Pour moi, ce sera la djellaba sertie de liserés dorés qu'elle portait à mon mariage. Ensuite, nous remplissons de gros sacs de vêtements pour une association caritative. Notre mère a noté dans sa liste vouloir donner ses vêtements à des « familles pauvres et pieuses ».

Maman était une véritable sainte. Elle aurait été heureuse d'entendre le message délivré par le pape François devant Ali, Latifa, Saïd, l'association La Promenade des Anges et une cinquantaine de victimes de l'attentat de Nice qui avaient été conviés, fin septembre, pour une audience au Vatican. « Il ne faut pas répondre à la haine par la haine, mais par l'amour », a dit le pape. Puis il a parcouru les rangs du public pour saluer tout le monde. Un réconfort pour les miens. Des paroles de paix et d'union, au-delà de nos différences.

25 septembre

J'ai lu sur Twitter que deux Niçoises de dix-sept et dix-neuf ans, prêtes à commettre une action terroriste sur le territoire, avaient été arrêtées. Elles étaient en contact avec un recruteur de Daech rencontré sur Internet. Deux mois à peine après l'attentat de la promenade des Anglais ! Il y a des claques qui se perdent. Quelque chose qui m'échappe.

Qu'espères-tu, gamine ? Que viens-tu faire dans cette galère ? Ici, tu es libre, pourquoi vouloir t'enchaîner ? Veux-tu être vendue comme esclave ? Violée par l'armée des dingues ? Ici, tu as tout, là-bas, tu ne verras que mort et misère. Nice ne t'a pas suffi, tu en veux encore ? Tu veux faire couler le sang, tuer ma mère une deuxième fois ? T'en prendre à des enfants, à des innocents, à ton frère ou à ton père ?

On te promet monts et merveilles, mais c'est l'enfer qui t'attend. Ouvre le Coran si tu ne me crois pas. Tu veux te référer à l'islam ? Réfère-toi au livre sacré, pas à des prédicateurs maléfiques. « Celui qui tuera un croyant volontairement aura l'enfer pour récompense[1]. » On n'apprend pas l'islam avec Google. L'apprentissage de la religion se fait par transmission orale. Moi, j'ai étudié dans une petite mosquée jusqu'à mes vingt ans, comme d'autres vont au catéchisme. L'imam ne parlait jamais de politique et ne prêchait que l'humanité. Internet est une merveilleuse invention qui donne accès à tous les savoirs, mais aussi à toutes sortes de bêtises. Pas étonnant que certains s'y radicalisent rapidement avec la puissante propagande qui pullule sur YouTube. Des esprits faibles s'y abrutissent de vidéos violentes ou se laissent séduire par les prêches d'imams racontant n'importe quoi. L'un d'eux avait lancé une fatwa ridicule interdisant le mariage avec des filles d'origine tunisienne, c'est pour dire.

Cela attristait profondément ma mère de voir à la télévision défiler les visages de jeunes djihadistes inconscients, partis, famille sous le bras,

1. Coran, sourate 4, verset 93.

vers le bûcher syrien. Nice est un terreau fertile. Une centaine d'Azuréens sont allés en Syrie faire le djihad. La plupart sont tombés dans le piège d'un recruteur qui prêchait le salafisme dans les quartiers sensibles de Saint-Roch et de l'Ariane. Il a même eu le culot de s'en vanter dans un reportage. Les gens de son espèce, mon frère Hamza, bénévole à la mosquée de La Madeleine, n'en a jamais rencontré. Ils cibleraient plutôt les cités et les jeunes adultes désœuvrés. Mais pas seulement. Dans mon collège, on avait un gentil camarade, Paul, bon élève, pas du genre bagarreur. Il a travaillé un moment comme pizzaiolo. Alors, quand on a appris qu'il avait rejoint la Syrie, en 2014, avec femme et enfant, personne n'a compris. Dans la presse, sa mère l'implorait de rentrer à la maison. Il serait mort il y a moins d'un an, dans un bombardement.

Comment parviennent-ils à les convaincre ? J'ai lu que la plupart des islamistes radicaux actuellement surveillés par la police sont des jeunes de dix-huit à vingt-cinq ans et qu'il y a parmi eux beaucoup de mineurs et de filles. Comment expliquer que ces gamins, qui ont toute la vie devant eux, préfèrent partir au feu, plutôt que rester ici ? Ont-ils si peu d'espoir ?

Les moins de vingt-cinq ans ne devraient pas rester sans formation ni emploi. Il faut s'occuper de la jeunesse. À Nice, par exemple, le chômage fait des ravages. Les jeunes sont frustrés. Cela fait vingt ans qu'ils crient que leur « 6-T va crack-er[1] », qu'il faut en finir avec les ghettos. Il manque des espaces pour les accueillir, des structures pour leur tendre la main. Aux parents aussi de surveiller leurs enfants. C'est dans cet esprit qu'Ali souhaite créer une association pour lutter contre la radicalisation dans les quartiers. Un beau projet auquel j'apporte tout mon soutien. Une manière, peut-être aussi, pour lui, de donner un sens à tout ça.

Car nous avons tous le même ennemi. Bien sûr, il y a une peur légitime. Je suis bien placée pour le savoir. Notre pays vit sous une menace sans précédent pour notre génération. Mais si l'émotion tourne au ressentiment, devient le moteur de la haine, elle nous affaiblit. Une victoire de plus pour les terroristes de Daech ! On leur offre exactement ce qu'ils veulent : créer le chaos, la désunion jusqu'à la fracture. On fait leur jeu en sombrant dans la

1. *Ma 6-T va crack-er*, un film sorti en 1996 sur la révolte des jeunes d'un quartier sensible.

discorde, on leur donne l'avantage. Il faut tenter d'apprivoiser cette peur. Montrer que nous sommes soudés face à leur détermination. C'est la meilleure défense. Cherchons ce qui nous rassemble et non ce qui nous sépare.

À notre époque, l'entre-soi n'est plus possible. Nous vivons dans un monde globalisé. De nos jours, les populations circulent, font du tourisme ou partent travailler à l'étranger. On importe, on exporte. D'ailleurs, curieusement, les *niqabs*[1] ne posent pas de problème dans les boutiques Vuitton. Nos enfants vont vivre dans un monde connecté. Plus que nous encore, ils vont être amenés à voyager, à exercer des nouveaux métiers, nés de la révolution numérique. Pour s'adapter, mieux vaudra être ouvert à l'autre, à la diversité des coutumes. Je rêve de faire le tour du monde, quelle plus belle aventure ? Il y a tant de cultures à découvrir. Elles s'enrichissent les unes les autres. Pas de panique, les patriotes. Ce n'est pas parce qu'on construit des mosquées, des synagogues, des temples hindous ou bouddhistes que les églises vont disparaître.

1. Longs voiles islamiques dissimulant le visage, à l'exception des yeux.

Ce n'est pas parce que je mange halal que le foie gras et le vin ne seront plus à la carte.

La mixité est un cadeau. Quand j'emprunte le RER B, qui va d'Aulnay-sous-Bois à la capitale, je n'en reviens pas de la diversité qui règne à la station Châtelet. Des bouddhistes en *kesa* orange, des mamas en boubou coloré, de jeunes hipsters et des cadres en costard. Quelle richesse ! Et quel dommage de ne pas y voir la France telle qu'elle est. Malgré nos différences, on se doit d'être fraternel. Personnellement, si je manifeste, c'est contre le chômage, pas contre les homos et l'IVG, même si ma religion s'y oppose, au même titre que les instances catholiques. Chacun est libre de faire et de penser ce qu'il veut.

Charlie Hebdo ne me fait pas toujours rire. Je trouve leurs dessins souvent sexistes, voire racistes. Je me suis parfois sentie offensée par les caricatures de ma religion. Mais ils ont bien le droit d'avoir leur opinion et de publier autant de dessins qu'ils le veulent.

Ma mère m'a toujours enseigné le respect d'autrui comme une valeur essentielle. Accepter l'autre dans sa différence, c'est la première chose que l'on peut apprendre à un enfant. Quand nous étions petits, il nous arrivait souvent de rentrer de l'école en courant avec les gamins de la résidence. Le voisin du rez-de-chaussée, un retraité assez âgé qui se déplaçait difficilement, se plaignait régulièrement du bruit. Il râlait dans la cage d'escalier contre ces « garnements ». Et tout morveux que nous étions, nous prenions un malin plaisir à chahuter « le vieux con ». Nous sonnions à sa porte avant de détaler pour nous cacher. Ma mère connaissait bien le personnage, mais tolérait peu nos enfantillages.

Un jour, alors qu'elle sort une bonne miche de pain toute chaude du four, elle me demande d'aller l'offrir au voisin.

– Tiens, descends ça à… heu… au vieux con.

Devant mon étonnement, elle insiste. Je sonne timidement à sa porte. Il l'ouvre à moitié, méfiant. Mais lorsqu'il comprend que je lui apporte un cadeau, son visage s'illumine. Je ne l'avais jamais vu si heureux. En fait, je ne l'avais jamais vu sourire, pour ainsi dire.

– Merci ! Comme c'est gentil !

Le jour même, il descend toute la colline jusqu'au supermarché de La Madeleine pour nous acheter une délicieuse galette des rois. Dès lors, nous cessons de le contrarier. Et il se montre plus compréhensif.

Lorsque, un après-midi, nous jouons au ballon dans la cour, il passe une tête.

– Calmez-vous un peu, les enfants, s'il vous plaît.

Mon copain Joël, qui n'a pas sa langue dans sa poche, réplique illico :

– M'sieur, c'est normal que je parle fort, je suis italien !

Même le voisin n'a pu s'empêcher de rire. Après quoi, il lui est arrivé de se confier sur son enfance en Russie, son arrivée en France et sa carrière d'ouvrier. Maintenant que j'avais fait sa connaissance, je n'oubliais plus jamais de baisser d'un ton en passant devant sa porte.

Le « vivre ensemble » n'est pas une utopie. « C'est le véritable défi du XXIe siècle », a dit l'artiste Abd al Malik. Une cause universelle. N'est ce pas ce à quoi nous aspirons tous : cohabiter en paix, travailler en harmonie ?

C'est une ambition à l'épreuve du cynisme, des mauvaises langues et des défaitismes. Ce message de tolérance, je continuerai à le répéter sans cesse, à le crier au moins aussi fort que ceux qui veulent nous monter les uns contre les autres.

Je suis d'un naturel optimiste. Je me réjouis de

voir que, finalement, la grande majorité des Français n'entre pas dans ce jeu.

« Restons unis », ce mot d'ordre scandé par tous ceux qui avaient défilé après l'attentat de *Charlie Hebdo*, ce n'était pas des paroles en l'air. Je reste persuadée que la plupart des Français y croient toujours. L'esprit du 11 janvier, devenu le symbole de cette envie de cohésion, n'est pas éteint. Il brûle dans le cœur de tous ceux qui se battent pour la paix. Il y a plus de beauté que de haine dans notre douce France. Les gens se rassemblent, créent des ponts entre les communautés, ouvrent les portes, y compris dans les mosquées et les églises. À chaque attentat, des héros anonymes prouvent que fraternité n'est pas un vain mot.

En pleine nuit, le 14 juillet dernier, sur la promenade des Anglais, un inconnu est venu apporter un gilet à ma petite sœur pour qu'elle n'attrape pas froid. C'est beaucoup plus qu'un détail pour moi. Cela signifie que la solidarité existe, que la nature humaine n'est pas si mauvaise. Parmi les centaines de messages de soutien que nous avons reçus, des inconnus me l'ont largement confirmé. Celui de Gaël B., par exemple, m'a particulièrement touchée. Il se présente comme « français, de religion catholique ».

« Nous partageons au fond les mêmes valeurs de paix et d'amour [...]. C'est notre force de pouvoir vivre ensemble, sans jugement. J'espère que ma France ne tombera pas dans une part sombre qui me fait très peur. »

Nos lumières, il ne faut pas les sacrifier à cette peur. La France est debout, elle doit s'accrocher à ses valeurs de liberté, d'égalité et de fraternité. Protégeons notre modèle de République, partageons nos cultures. « Une démocratie doit être une fraternité. Sinon, c'est une imposture », disait Antoine de Saint-Exupéry. Ne cédons pas à la dictature de la terreur, ne la laissons pas prendre le dessus sur la raison. Rassemblons-nous. Voilà la clé d'un peuple riche et puissant, prêt à se défendre contre ceux qui veulent nous enlever nos fêtes, nos journaux, nos concerts de rock.

Notre meilleure revanche sera que le 14 juillet demeure un jour de fête nationale, et non de deuil amer. Une célébration de la liberté, de l'émancipation et de la démocratie. Que nos feux d'artifice fassent plus de bruit que leurs fusils.

RÉALISATION : PAO ÉDITIONS DU SEUIL
IMPRESSION : CORLET IMPRIMEUR S.A. À CONDÉ-SUR-NOIREAU
DÉPÔT LÉGAL : JANVIER 2017 N° 134432-3 (190556)
IMPRIMÉ EN FRANCE